国网能源研究院有限公司
STATE GRID ENERGY RESEARCH INSTITUTE CO., LTD.

电碳市场
简明知识

国网能源研究院有限公司 编

中国电力出版社
CHINA ELECTRIC POWER PRESS

图书在版编目（CIP）数据

电碳市场简明知识 / 国网能源研究院有限公司编 . --北京：
中国电力出版社，2025. 6. -- ISBN 978-7-5198-9707-9

Ⅰ. F426.61；X511

中国国家版本馆 CIP 数据核字第 2024WB8863 号

出版发行：中国电力出版社

地　　址：北京市东城区北京站西街 19 号（邮政编码 100005）

网　　址：http://www.cepp.sgcc.com.cn

责任编辑：刘汝青（010-63412382）

责任校对：黄　蓓　常燕昆

装帧设计：张俊霞

责任印制：吴　迪

印　　刷：三河市万龙印装有限公司

版　　次：2025 年 6 月第一版

印　　次：2025 年 6 月北京第一次印刷

开　　本：787 毫米×1092 毫米　16 开本

印　　张：9

字　　数：99 千字

印　　数：0001—2000 册

定　　价：98.00 元

《电碳市场简明知识》

主　任　欧阳昌裕

委　员　魏　玢　袁兆祥　李伟阳　王耀华　李　健

　　　　单葆国　董力通　柴高峰　王　庆　左新强

　　　　张　勇　鲁　刚　郑海峰　韩新阳　代红才

　　　　魏　哲　李成仁　郭　磊　黄碧斌　谭显东

　　　　张晓萱

组　长　张晓萱

主笔人　范孟华　杨　素

成　员　张　高　马秋阳　吕　琛　赵　铮　阮文婧

　　　　王　钰　孙燕一　唐程辉　孙庆凯　李　博

　　　　张重实　许晓艳

电碳市场简明知识 —————————————————————

党的二十大报告强调要构建全国统一大市场，深化要素市场化改革，建设高标准市场体系。2023 年，中央全面深化改革委员会第二次会议审议通过《关于深化电力体制改革加快构建新型电力系统的指导意见》，强调要健全适应新型电力系统的体制机制、加强市场机制创新。2024 年 7 月，党的二十届三中全会审议通过《中共中央关于进一步全面深化改革　推进中国式现代化的决定》，要求深化能源管理体制改革，建设全国统一电力市场。电力市场化改革和碳排放权市场建设是构建全国统一大市场、积极稳妥推进碳达峰碳中和的关键之要，事关国计民生和电力工业可持续发展，深化市场改革和完善市场交易机制相关政策历来备受社会各界关注。

国家电网有限公司党组高度重视电力市场化改革和碳市场建设。张智刚董事长强调，要坚持市场化改革方向，加快全国统一电力市场建设。近年来，随着新型能源体系加快规划建设、碳排放统计核算制度逐步完善，有关制度陆续出台，全国统一电力市场和碳市场建设进入了加速推进的新阶段。

作为国家电网有限公司智库建设的主体单位，国网能源研究院有限公司

（简称国网能源院）长期开展电力市场机制、电碳市场协同等问题研究，为促进行业内外学习交流，基于我国电力市场改革现状及现行碳交易体系，编制《电碳市场简明知识》一书。在电力市场方面，涵盖了电力市场相关概念与分类、空间架构、市场模式、市场运行、价格机制、相关主体及市场管理等七个方面；在碳市场方面，涵盖了碳市场相关概念与分类、碳市场运行、相关主体等三个方面；在此基础上，分析了碳市场与电力市场的交互关系，设计了电碳市场协同运作关键机制；此外，还总结了国外典型国家电力市场和碳市场建设实践经验，梳理了我国电力市场和碳市场的建设历程、现状，并对未来进行了展望。

本书力求兼顾简明性和工具性，但受时间和水平限制，不足与疏漏在所难免，诚恳希望得到批评指正，以便后续优化完善。

2024 年 12 月

电碳市场简明知识

目 录

一、电力市场相关概念与分类

电力具有供需实时平衡、传输遵循特定物理规律、需求刚性强、安全水平要求高、部分环节规模经济性显著等不同于一般商品的技术经济特征。因此，电力行业被认为是一种传统的自然垄断行业。早期，政府直接投资、垂直一体化经营是主流的观点和做法；随着生产力的发展、技术的进步、市场范围的扩大，电力行业发售电环节特征逐渐改变，具备了引入市场化竞争机制的条件。20 世纪 90 年代初以来，英国、美国、澳大利亚、欧洲等国家/地区结合自身实际陆续开展了各具特色的电力市场建设，至今仍在不断实践探索、持续完善。电力市场可按交易标的属性、时间尺度、交易方式等维度分成多类子市场。按照交易标的属性的维度，可分为电能量市场、辅助服务市场、容量市场、绿色电力交易市场、绿色电力证书交易市场、发电权交易市场、输电权交易市场、电力金融衍生品市场等；按照交易时间的维度，可分为电力中长期市场、电力现货市场等；按照交易方式的维度，可分为电力批发市场、电力零售市场。

1. 电力市场

电力市场是电力商品及服务流通和交换的空间和场所，是在政府能源主管部门监管下，由各类电力细分市场有机组合而成的群体系统，结构极其复杂。各个电力细分市场因其市场主体、交易对象、交易类型、出清机制、价格形成机制和结算机制的不同而彼此相互独立，但同时又通过相互间的衔接和制衡机制而紧密关联。完备的电力市场中各个细分市场根据其在电力市场的地位和功能的不同及其相互支撑、相互影响、相互作用的内在关联关系，共同搭建组合形成了电力市场总体架构。

国网能源院认为：由于电力具有生产和消费实时平衡、不能大规模储存的特性，与普通商品市场相比，电力市场具有以下特殊性：一是电力行业各环节具备的竞争条件不同，只能引入有限竞争。电网环节具有自然垄断属性，需要在政府监管的环境下保持垄断经营。二是电力市场建设以结构坚强的电网为载体。电网的输送能力和安全可靠性能是影响电力市场规模的关键因素，建设大电网就是构建大市场，两者相互促进。三是电力市场交易的执行服从电力系统控制。为确保在系统安全调度下有效开展电力交易，必须在市场和调度之间建立可靠的协调机制。四是电力市场需要考虑社会目标的实现。电力行业具有公用事业属性，需要发挥政府调控作用实现社会目标。

2. 电能量市场

电能量市场是电力市场中针对有功电能量进行交易的市场，以实现有功电能量交易或交割为目的。电能量市场有多种划分方式，按照交割方式可以将电能量市场划分为电力实物市场和电力金融衍生品市场；按照交易周期可以将电能量市场划分为电力中长期市场和电力现货市场。

3. 电力中长期市场

电力中长期市场主要是指符合准入条件的发电企业、售电企业、电力用户和独立辅助服务提供者等市场主体，通过自主协商、集中竞价等市场化方式，开展的多年、年、季、月、周等日以上的电力交易。

由于电力行业进入门槛高、搁浅成本高、工程建设周期长、项目投资回收年限长等诸多因素，客观上需要建设电力中长期市场以发挥资源配置的"压舱石"作用。2002 年以来，我国电力中长期市场建设持续深化，早于电力现货市场投入正式运行，相继开展了电力用户与发电企业直接交易、发电权交易、省间电力交易等多种形式的实践探索，交易机制不断优化，交易规模不断扩大。截至 2023 年 12 月底，省间、省内中长期电力交易机制已全部建立并常态化运行，市场规则逐步完善，国家电网有限公司经营区省间中长期市场按工作日连续开市，省内中长期市场全面实现年度、月度、月内全周期覆盖。

4. 电力现货市场

电力现货市场是指符合准入条件的市场主体开展日前、日内和实时电能量交易的市场，是相对于电力中长期市场的一个概念。按照交易时间分类，电力现货市场的构成划分并非严格统一，常见有三种划分方式：一是分为日前市场和实时市场；二是分为日前市场、日内市场和实时平衡机制；三是只将日前市场称为电力现货市场。电力现货市场的交易标的物是电能量，即参与电力现货市场的市场主体报价的标的是各时段的电力（发电机组输出功率、电力用户的负荷功率），一个时段的中标电力乘以时长就是该时段结算的电能量数值。

2015 年，国家发展改革委、国家能源局在《关于印发电力体制改革配套文件的通知》（发改经体〔2015〕2752 号）中的《关于推进电力市场建设的实施意见》提出"逐步建立以中长期交易规避风险，以现货市场发现价格，交易品种齐全、功能完善的电力市场"，对电力现货市场建设做出明确部署。自 2017 年启动电力现货试点建设工作以来，我国电力现货市场建设已进入全面推开、稳步推进阶段。

在省间市场层面，2017 年，为充分利用省间输电通道促进新能源充分消纳，缓解弃水、弃风、弃光的"三弃"问题，我国省间电力现货市场的雏形——跨区域省间富余可再生能源电力现货交易市场开始投入试运行，利用跨区直流剩余通道能力，实现了可再生能源大范围消纳。在此基础上，省间电力现货市场于 2022 年 1 月启动试运行，7 月起进入长周期结算试运行，并于 2024 年 10 月转入正式运行。

在省级市场层面，2017 年《关于开展电力现货市场建设试点工作的通知》（发改办能源〔2017〕1453 号）明确南方（以广东起步）、蒙西、浙江、山西、山东、福建、四川、甘肃等 8 个地区作为第一批电力现货市场建设试点（简称现货试点）。2021 年，《关于进一步做好电力现货市场建设试点工作的通知》（发改办体改〔2021〕339 号）进一步提出上海、江苏、安徽、辽宁、河南、湖北等 6 省市为第二批现货试点。截至 2024 年 9 月，第一批省级现货试点中的山西、广东、山东、甘肃转为正式运行，福建、四川、浙江、蒙西、湖北等实现长周期结算试运行，电力现货市场建设逐步从试点推向全国。

5. 辅助服务市场

电力辅助服务是指为维持电力系统安全稳定运行、保证电能质量、促进清洁能源消纳，除正常电能生产、输送、使用外，由发电侧并网主体或能够响应电力调度指令的可调节负荷提供的电力服务产品。辅助服务市场是以电力辅助服务为标的物，开展市场化交易的总和。从品种来看，辅助服务市场可以分为有功平衡服务（调频、调峰、备用、爬坡等），无功平衡服务（自动电压控制、调相运行）和事故应急及恢复服务（稳定切机服务、稳定切负荷服务和黑启动服务）。

在 2006 年之前，我国的电力辅助服务采用"按需调用、按实发电量补偿"的方法，没有单独的辅助服务补偿机制。2006 年，原国家电监会印发《发电厂并网运行管理规定》（电监市场〔2006〕42 号）、《并网发电厂辅助服务管理暂行办法》（电监市场〔2006〕43 号），提出按照"补偿成本和合理收益"的原则对提供有偿辅助服务的并网发电厂进行补偿，补偿费用主要来源于辅助服务考核费用，不足（富余）部分按统一标准由并网发电厂分摊，我国辅助服务进入发电企业交叉补偿阶段。

2014 年，我国首个东北电力调峰服务市场正式启动，辅助服务市场化试点的探索开始起步。此后，随着 2021 年国家能源局《电力并网运行管理规定》（国能发监管规〔2021〕60 号）、《电力辅助服务管理办法》（国能发监管规〔2021〕61 号）等相关政策的纷纷出台，辅助服务的市场化探索进一步深入。2024 年 2 月，国家发展改革委、国家能源局印发《关于建立健全电力辅助服务市场价格机制的通知》（发改价格〔2024〕196 号），要求持续推进电力辅助服务市场建设，加强电力辅助服务市场与中长期市场、现货市场等统筹衔接，不断完善辅助服务价格形成机制，推动辅助服务费用规范有序地传导分担，充分调动灵活调节资源主动参与系统调节积极性。

目前我国辅助服务市场已基本实现省级和区域全覆盖，开展了各具特色的实践探索，其中区域辅助服务市场以调峰和备用辅助服务为主；省级辅助服务市场以调峰为主，现货试点地区普遍实现调峰与现货的融合，主要开展调频辅助服务。

国网能源院认为：随着新能源比例的不断提升，电力系统运行调节与平衡难度进一步加大。建议针对新能源特性，推动建立多元化的辅助服务市场体系，推动调峰辅助服务与电力现货市场的融合，加快完善调频、备用辅助服务交易机制，适时引入灵活爬坡等辅助服务品种，扩大资源共享互济范围，拓展辅助服务市场主体，同时积极推动辅助服务成本向用户侧疏导。

6. 容量市场

容量市场是指以可靠性装机容量为交易标的物的市场。容量市场的主要目的是保证系统总装机容量的充裕性，并为提供了可靠装机容量的机组给予必要的补偿。容量市场可在多年、年、月时间周期上开展交易，包括主容量市场和补充容量市场，通过滚动拍卖等方式确保目标年份电力系统运行的容量充裕度。作为容量保障机制的一种形式，除容量市场外，还可采用容量补偿机制和稀缺定价机制，实现对发电企业容量成本的补偿与回收。

自《关于进一步深化电力体制改革的若干意见》（中发〔2015〕9号）印发以来，国家发展改革委、国家能源局印发的多份电力市场相关政策文件中，均提出要建立容量补偿机制，探索容量市场建设。目前我国容量市场建设尚处于探索阶段，山东、广东等省份出台了地方性的容量补偿政策。山东省发展改革委于2020年4月出台《关于电力现货市场容量补偿电价有关事项的通知》（鲁发改价格〔2020〕622号），规定山东参与电力现货市场的发电机组容量补偿费用从用户侧收取，电价标准暂定为0.0991元/（kW·h）（含税）；山东省发展改革委、国家能源局山东监管办公室、山东省能源局于2023年12月发布《关于贯彻发改价格〔2023〕1501号文件完善我省容量电价机制有关事项的通知》（鲁发改价格〔2023〕1022号），提出山东容量补偿电价用户侧收取标准暂调整为0.0705元/（kW·h）（含税）。广东省能源局、国家能源局南方监管局于2020年11月发布《广东电力市场容量补偿管理办法（试行，征求意见稿）》，拟建立容量市场补偿机制，提出按容量度电分摊标准按月向售电公司（含直接参与批发市场的大用户）收取容量电费，并根据市场机组有效容量占市场机组总有效容量比例补偿给各机组。

2023年11月，国家发展改革委、国家能源局印发《关于建立煤电容量电价机制的通知》（发改价格〔2023〕1501号），提出建立全国层面煤电容量电价机制，煤电容量电价机制适用于合规在运的公用煤电机组，煤电容量电价按照回收煤电机组一定比例固定成本的方式确定，各地煤电容量电费纳入系统运行费用，每月由工商业用户按当月用电量比例分摊，由电网企业按月发布、滚动清算。

国网能源院认为：未来随着新能源大规模发展、煤电装机占比下降、现货试点的加速推进，发电容量充裕性对保障电力安全供应至关重要，迫切需要建立符合我国国情和电力市场阶段的容量充裕度保障机制。建议以容量补偿机制起步，循序渐进推进容量市场建设，逐步通过市场形成容量价格，合理反映机组为系统提供安全支撑的容量价值。

表 1　　　　　　我国出台的容量保障机制相关文件

时间	政策	容量成本回收相关内容
2015 年	《关于印发电力体制改革配套文件的通知》（发改经体〔2015〕2752 号）	条件成熟时，探索开展容量市场
2019 年	《关于深化电力现货市场建设试点工作的意见》（发改办能源规〔2019〕828 号）	加快研究、适时建立容量补偿机制或容量市场，提高电力系统发电容量的长期供应保障能力
2019 年	《关于深化燃煤发电上网电价形成机制改革的指导意见》（发改价格规〔2019〕1658 号）	对于燃煤机组利用小时严重偏低的省份，可建立容量补偿机制，容量电价和电量电价通过市场化方式形成
2020 年	《电力中长期交易基本规则》（发改能源规〔2020〕889 号）	对于未来电力供应存在短缺风险的地区，可探索建立容量市场，保障长期电力供应安全；对于燃煤机组利用小时严重偏低的省份，可建立容量补偿机制
2022 年	《关于加快建设全国统一电力市场体系的指导意见》（发改体改〔2022〕118 号）	因地制宜建立发电容量成本回收机制。引导各地区根据实际情况，建立市场化的发电容量成本回收机制，探索容量补偿机制、容量市场、稀缺电价等多种方式，保障电源固定成本回收和长期电力供应安全。鼓励抽水蓄能、储能、虚拟电厂等调节电源的投资建设

时间	政策	容量成本回收相关内容
2023 年	《关于建立煤电容量电价机制的通知》（发改价格〔2023〕1501号）	将现行煤电单一制电价调整为两部制电价，其中电量电价通过市场化方式形成，灵敏反映电力市场供需、燃料成本变化等情况；容量电价水平根据转型进度等实际情况合理确定并逐步调整，充分体现煤电对电力系统的支撑调节价值，确保煤电行业持续健康运行

7. 绿色电力证书交易市场

随着全球能源低碳转型的推进，电力系统正在加快向清洁化、低碳化方向发展。为鼓励可再生能源开发利用，一些国家/国际组织对符合条件的可再生能源电量颁发具有独特标识代码的电子证书（即绿色电力证书），作为证明和交易可再生能源环境属性的凭证。绿色电力证书根据其签发机构、签发标准、适用区域等有不同的类别，常见的有国际绿证（International Renewable Energy Certificate，I-REC）、美国绿证、欧洲来源担保证书（Guarantee of Origin，GO）等。

国外部分国家/地区绿色电力证书情况

国际绿证（International Renewable Energy Certificate，I-REC）

是总部位于荷兰的非盈利基金会 I-REC 标准（I-REC Standard）负责签发的一种可在全球范围内交易的国际通用绿证，是国际应用较为广泛的一种绿证，被世界知名大企业购买用于抵消自己的非绿电消耗排放。一个 I-REC 相当于 1MW·h 的电力。

美国部分州主要采用"可再生能源配额制+绿色电力证书交易机制"的方式以促进用户侧消纳可再生能源。其中，美国可再生能源配额制（Renewable Portfolio Standard，RPS）是各州政府以法律的形式对可再生能源发电的市场份额做出强制性规定。绿色电力证书则作为可再生能源机组售出电能的相应凭证，并通过在绿色电力证书交易市场与承担配额义务的市场主体进行证书交易，按照市场绿证价格获取绿证收益。

欧洲主要通过来源担保证书（Guarantee of Origin，GO）机制促进可再生能源发展。GO 采用自愿购买机制，用户通过购买、持有 GO 证书，证明自身的绿色电力消费，而可再生能源通过出售 GO 证书体现可再生能源发电具有的绿色环境价值。1MW·h 的绿色电力对应一个 GO 电子凭证，其中绿色电力的范围主要包括风电、光伏发电、水电、核电、生物质发电以及少量热电联产发电。GO 是覆盖全欧洲的市场机制，为了保证 GO 是单一标准化的绿电凭证的地位，欧盟对于 GO 的交易有着严格的登记认证及注销流程，以确保 GO 的溯源和认证，避免重复计量。

在我国，根据国家发展改革委、财政部、国家能源局《关于做好可再生能源绿色电力证书全覆盖工作　促进可再生能源电力消费的通知》（发改能源〔2023〕1044 号）等相关政策，可再生能源绿色电力证书（简称绿证）是可再生能源电量环境属性的唯一证明，是认定可再生能源电力生产、消费的唯一凭证。国家对符合条件的可再生能源电量核发绿证，1 个绿证单位对应

1000kW·h可再生能源电量。绿证作为可再生能源电力消费凭证，用于可再生能源电力消费量核算、可再生能源电力消费认证等。绿色电力证书交易市场即以绿色电力证书为标的物的交易市场。

我国绿色电力证书初期主要针对非水可再生能源发电量颁发、采用自愿认购的方式。2021年以来，随着绿色电力交易的开展，绿色电力证书主要通过绿色电力交易方式实现流通，以"证电合一"方式实现绿色环境权益的同步转移。近几年，国家发展改革委、国家能源局《关于推动电力交易机构开展绿色电力证书交易的通知》（发改办体改〔2022〕797号），以及国家发展改革委、财政部、国家能源局《关于做好可再生能源绿色电力证书全覆盖工作 促进可再生能源电力消费的通知》（发改能源〔2023〕1044号）等相关政策进一步支持电力交易机构开展绿色电力证书交易，并明确将绿证核发范围扩展到所有已建档立卡的可再生能源发电项目，协同推动绿色电力交易、绿证交易。

北京电力交易中心于2022年9月16日正式开启绿色电力证书交易市场，截至2023年12月，国家电网有限公司经营区内累计交易绿证2393万张，折合电量239.3亿kW·h。

我国绿色电力证书交易部分相关政策

初期自愿认购为主： 2017年2月，国家发展改革委、财政部、国家能源局联合印发《关于试行可再生能源绿色电力证书核发及自愿认购交易制度的通知》（发改能源〔2017〕132号），提出试行为陆上风电、光伏发电企业（不含分布式光伏发电）所生产的可再生能源发电量发放绿色电力证书，在全国范围内试行绿证核发和自愿认购，风电、光伏发电企业出售绿证后，相应的电量不再享受国家可再生能源电价附加资金的补贴，且绿证经认购后不得再次出售。

通过绿电交易方式流通：2021年8月，国家发展改革委、国家能源局印发《关于绿色电力交易试点工作方案的复函》（发改体改〔2021〕1260号），同意国家电网有限公司、南方电网有限公司开展绿色电力交易试点。绿电交易以"证电合一"方式实现绿色环境权益的同步转移，成为绿证生产流通的重要途径。

支持电力交易机构开展绿证交易：2022年9月，国家发展改革委、国家能源局印发《关于推动电力交易机构开展绿色电力证书交易的通知》（发改办体改〔2022〕797号），指出在目前绿证自愿认购和绿色电力交易的基础上，积极支持电力交易机构按照有关政策规定，通过双边协商、挂牌、集中竞价等多种方式组织开展绿证交易，引导更多市场主体参与绿证与绿色电力交易，促进可再生能源消费。

绿证核发范围实现全覆盖：2023年7月，国家发展改革委、财政部、国家能源局联合印发《关于做好可再生能源绿色电力证书全覆盖工作　促进可再生能源电力消费的通知》（发改能源〔2023〕1044号），明确对全国风电（含分散式风电和海上风电）、太阳能发电（含分布式光伏发电和光热发电）、常规水电、生物质发电、地热能发电、海洋能发电等已建档立卡的可再生能源发电项目所生产的全部电量核发绿证，实现绿证核发全覆盖；并明确绿证依托中国绿色电力证书交易平台，以及北京电力交易中心、广州电力交易中心开展交易，适时拓展至国家认可的其他交易平台。2024 年 9 月，国家能源局印发《可再生能源绿色电力证书核发和交易规则》（国能发新能规〔2024〕67 号）进一步对绿证核发和交易行为进行规范，明确了职责分工、账户管理、绿证核发、绿证交易及划转、绿证核销、信息管理及监管等方面的具体要求。

8. 绿色电力交易市场

绿色电力交易市场是我国为反映绿色电力产品的电能价值和环境价值、促进可再生能源发展、引导全社会主动消费绿色电力而创新建立的一类以绿色电力和对应绿色电力环境价值为标的物的电力交易品种。绿色电力交易能够在交易电力的同时提供国家规定的可再生能源绿色电力证书（简称绿证），用以满足发电企业、售电公司、电力用户等市场主体出售、购买绿色电力产品的需求。其中，绿色电力是指符合国家有关政策要求的风电（含分散式风电和海上风电）、太阳能发电（含分布式光伏发电和光热发电）、常规水电、生物质发电、地热能发电、海洋能发电等已建档立卡的可再生能源发电项目所生产的全部电量。初期，参与绿色电力交易的发电侧主体为风电、光伏发电项目，条件成熟时，可逐步扩大至符合条件的其他可再生能源。

2021 年 9 月 7 日，我国开始启动绿色电力交易试点，初期参与主体以平价上网的可再生能源项目为主，如果带补贴项目参与交易，需要放弃补贴，相应电量不计入合理利用小时。2023 年 2 月，根据国家发展改革委、财政部、国家能源局《关于享受中央政府补贴的绿电项目参与绿电交易有关事项的通知》（发改体改〔2023〕75号）等相关政策，享受国家可再生能源补贴的绿电项目也纳入绿电交易范畴，绿电供给能力进一步扩大。2024年7月，国家发展改革委、国家能源局印发《电力中长期交易基本规则－绿色电力交易专章》（发改能源〔2024〕1123号），提出按照"省内为主、跨省区为辅"的原则，推动绿色电力交易有序开展，推动绿色电力交易融入电力中长期交易。

自2021年9月绿电交易试点启动以来，截至2023年12月，国家电网有限公司经营区内绿电交易电量为830亿kW·h。

推动带补贴项目参与绿电交易

2023年2月，国家发展改革委、财政部、国家能源局下发《关于享受中央政府补贴的绿电项目参与绿电交易有关事项的通知》（发改体改〔2023〕75号），要求稳步推进享受国家可再生能源补贴的绿电项目参与绿电交易，其参与绿电交易时高于项目所执行的煤电基准电价的溢价收益等额冲抵国家可再生能源补贴或归国家所有；发电企业放弃补贴的，参与绿电交易的全部收益归发电企业所有。同时规定由国家保障性收购的绿色电力可统一参加绿电交易或绿证交易，溢价收益及对应的绿证交易收益等额冲抵国家可再生能源补贴或归国家所有。

从国际上看，除前述绿色电力证书交易和我国绿色电力交易之外，常见的促进绿色电力发展的交易机制还包括可再生能源长期购电协议（Power Purchase Agreement，PPA）。PPA通常是指用户与发电方签订的长期购电协议，可为买卖双方提供确定的电量和价格。在国外成熟市场中，绿电发电方可与采购方提前签订合同期限长达 10～20 年的绿电 PPA，以锁定自身长期发展所需的远期收益；同时，发电方还可通过 PPA 获得融资支持。而采购方通过签订绿电 PPA，在满足自身绿色电力消费需求的同时，锁定了远期绿电消费价格，从而可以更好地规避未来市场价格波动风险。由于绿电 PPA 交易方式的环境属性清晰，而且能够对可再生能源发电产生更加直接的激励，近年来在国际上的认可度快速提升。

国网能源院认为：当前，我国绿电交易以年度交易、月度交易为主。为进一步完善绿电交易机制，推动可再生能源消费的国际互认，为市场主体建立长期收益预期，下一步可进一步推广风电、光伏发电项目通过 PPA 参与绿电交易的相关机制，鼓励电力用户与在建、已建发电企业签订 5～10 年 PPA，建立促进绿色电力发展的长效机制。同时，进一步推动绿色交易精细化开展，研究推动小时级绿电交易和溯源，提高绿电交易模式国际认可度。

9. 发电权交易市场

发电权交易是指以市场方式实现发电机组、发电厂之间电量替代的交易行为，也称替代发电交易。发电权交易原则上由高效环保机组替代低效、高污染火电机组发电，由水电、核电等清洁能源发电机组替代火电机组发电。

发电权交易可看作我国计划电量分配与市场交易双轨运行条件下的一种特殊交易行为。初期其交易标的主要是政府下达给各发电厂的发电量指标。

2007 年，国务院下发了《批转发展改革委、能源办关于加快关停小火电机组若干意见的通知》（国发〔2007〕2 号）和《关于印发节能减排综合性工作方案的通知》（国发〔2007〕15 号），为妥善解决搁置成本问题，在原有"年度发电计划"指标分配机制的基础上，促进了"上大压小"发电权交易的实施。纳入国家小火电机组关停规划并按期或提前关停的机组在规定期限内可依据国家有关规定享受发电量指标并进行发电权交易。

随着电力市场的建设，发电权交易逐步成为市场主体根据自身实际情况通过市场化方式对已签订合同进行调整的一种方式。2023 年，全国共组织省内发电权交易 1964.2 亿 kW·h、省间发电权交易 136.1 亿 kW·h❶。

10. 输电权交易市场

输电权交易市场是以电网的输电权为标的物进行交易的市场。输电权的所有者可获得使用相应输电容量的权利，或者取得与其相关经济利益的权利。输电权具有锁定输电费用或保证电力传输的功能，即电力交易者在购买了输电权以后，可以保证以既定的输电价格实现电能的传输，即使电网实际运行中发生阻塞，也能获得相应的经济补偿。输电权有物理输电权（Physical Transmission Right，PTR）和金融输电权（Financial Transmission Right，FTR）之分。

物理输电权的持有者拥有在约定时段内，通过约定的输电线路或断面进行一定数量的电力输送的权利。物理输电权所有者仅有自己获得相关输电服

---

❶ 数据来源：中国电力企业联合会。

务的权利，不可以转卖，没有收益权。物理输电权可以通过显式拍卖或隐式拍卖的方式进行分配，显式拍卖是指将输电权独立于电能量市场进行拍卖，隐式拍卖是指将输电权与电能量交易进行统一优化出清。例如，欧盟统一电力市场对跨国双边电力交易采用显式拍卖方式，对日前统一耦合市场采用隐式拍卖方式。

金融输电权是一种与节点边际电价（Locational Marginal Price，LMP）相配套而设立的金融工具。在节点边际电价机制下，当系统中发生阻塞时，输电线路两端的节点电价将产生价差，市场参与者需要根据价差和传输电量支付阻塞费用，市场运营机构在结算时将这部分阻塞费用作为阻塞盈余分配给金融输电权持有者。金融输电权虽然不赋予持有者物理输电的权利，但可保障其能够在特定的输电路径上抵消因输电阻塞而产生的成本，即在输电通道发生阻塞时，使购买方获得输电阻塞成本补偿的收益权并解决阻塞盈余的分摊问题，美国电力市场中常常采用此种方式。

我国目前尚未建立输电权交易市场。随着全国统一电力市场建设的深入推进，可逐步探索建立适合我国国情的输电权交易机制。在省间市场层面，《关于加快建设全国统一电力市场体系的指导意见》（发改体改〔2022〕118号）提出要"加快建立市场化的跨省跨区输电权分配和交易机制，最大程度利用跨省跨区富裕通道优化电力资源配置"。在省级市场层面，《电力现货市场基本规则（试行）》（发改能源规〔2023〕1217号）指出，对于采用集中式市场模式的省（区、市）/区域现货市场"待条件成熟时，可通过市场化方式拍卖输电权，由输电权拥有者获取相应的阻塞收入"。

11. 电力金融衍生品市场

电力金融衍生品市场是涉及能源电力衍生出的金融产品交易行为的总和，具有金融衍生属性，包括市场结构与相关的制度安排、市场主体、产品与交易，同时也具备其特有的供求驱动因素。电力金融衍生品市场合同通常不涉及电力实物商品的交割，取而代之的是现金的交割。参照金融市场的基本原理，电力金融衍生品市场以电力期权、电力期货等为主要标的物，其主要作用是增强市场流动性、为市场主体提供远期价格基准和风险管理手段等。

电力金融衍生品一般是市场建设发展较为成熟阶段的交易品种，国外典型的电力金融衍生品市场包括在美国纽约商品交易所（New York Mercantile Exchange，NYMEX）、美国洲际交易所（Intercontinental Exchange，ICE）、欧洲电力交易所（European Power Exchange，EEX）等开展的相关交易。由于我国电力市场建设尚处于初期，目前以实物交易为主，暂未开展电力金融衍生品交易。根据《关于进一步深化电力体制改革的若干意见》（中发〔2015〕9号），未来可"待时机成熟时探索开展电力期货和电力场外衍生品交易"。

12. 电力批发市场

电力批发市场是指发电企业和电力批发用户或售电公司之间进行电力交易的市场，主要包括通过市场化方式开展的中长期电能量交易和现货电能量交易等。

13. 电力零售市场

电力零售市场通常是指售电公司与电力用户之间开展电力交易的市场。电力零售市场由售电公司与电力用户自行签订零售合同、建立零售关系，根据合同约定价格进行结算。

二、电力市场空间架构

电力市场体系是相互联系的各类市场构成的有机统一体，具有多样性和多层次性，即由多个交易类型和多个层次的交易市场构成。从国际上来看，电力市场体系的空间架构一般包括跨国电力市场（例如欧盟统一电力市场）、国家电力市场（例如英国电力市场）、省（区、市）/区域电力市场（例如美国 PJM 区域电力市场）三种地域形态。我国已明确推动建立全国统一电力市场体系、促进电力资源在更大范围内共享互济和优化配置的目标。全国统一电力市场体系在空间架构上主要由省间（国家）市场以及省（区、市）/区域电力市场组成。

14. 全国统一电力市场体系

我国能源供需逆向分布格局和新型电力系统下高比例新能源消纳需求，客观上要求我国电力市场应以促进资源大范围优化配置的全国统一电力市场为目标模式。按照国家发展改革委、国家能源局 2022 年印发的《关于加快建设全国统一电力市场体系的指导意见》（发改体改〔2022〕118 号）的有关要求，到 2025 年，全国统一电力市场体系初步建成，国家市场与省（区、市）/区域市场协同运行，电力中长期、现货、辅助服务市场一体化设计、联合运营，跨省跨区资源市场化配置和绿色电力交易规模显著提高，有利于新能源、储能等发展的市场交易和价格机制初步形成。到 2030 年，全国统一电力市场体系基本建成，适应新型电力系统要求，国家市场与省（区、市）/区域市场联合运行，新能源全面参与市场交易，市场主体平等竞争、自主选择，电力资源在全国范围内得到进一步优化配置。

国网能源院认为：全国统一电力市场体系的建设是一个逐步完善的过程。考虑到我国长期以来以省为实体的经济社会管理体制和地区间发展水平差异，近期建议按照"统一市场、两级运作"的总体架构运作，省间市场交易结果作为省内市场的边界条件。同时，在尊重各省差异性和市场模式异构的基础上，推动省间、省级市场加强在数据接口、市场准入、偏差处理、信息披露、市场价格、输配电价体系和输电通道容量等方面的统筹衔接，在关键机制和基础性规则上保持一致性，为未来全国统一电力市场发展、更大范围的市场融合开放奠定基础。

15. 省间（国家）市场

省间（国家）市场包括省间中长期市场、省间现货市场和省间辅助服务市场等。其中，省间中长期市场定位于满足国家能源发展战略要求，实现能源资源大范围优化配置，包括双边协商和集中交易；省间现货市场在省间中长期市场交易结果的基础上，充分利用省间输电通道富余能力，实现市场化跨省区电力余缺互济，包括日前市场和日内市场；省间辅助服务市场近期主要开展调峰辅助服务和备用辅助服务，逐步推动调峰与现货融合，远期根据需要探索开展区域调频辅助服务、跨区辅助服务市场等。

16. 省级市场

省级市场包括省级中长期市场、省级现货市场和省级辅助服务市场、省级容量市场（容量补偿机制）等。其中，省级中长期市场定位于保障市场供需持续稳定，规避价格波动风险，包括双边协商和集中交易，省级中长期市场需明确分时交易曲线和结算价格，在现货试点地区按照现货价格对偏差电量进行结算，在非现货试点地区按照中长期交易规则处理；省级现货市场定位于省级资源优化配置，可包括"中长期差价合约+全电量集中竞价"和"中长期实物合约+平衡机制"两种典型模式，一般可分为日前市场和实时市场；省级辅助服务市场近期主要开展调峰、调频、备用等辅助服务，推动调峰与现货逐步融合，适时引入灵活爬坡类产品等新型交易品种，建立无功和黑启动辅助服务市场化采购机制；省级容量市场目前尚未建立，主要采用容量电价对煤电机组进行补偿，未来可根据需要逐步建立。

17. 区域市场

区域市场主要定位于满足区域交流同步电网技术特征要求的市场需求，优化区域电力资源优化配置，服务京津冀协同发展、长三角一体化、粤港澳大湾区建设等国家区域重大战略的落实。

国网能源院认为：区域市场建设应在全国统一电力市场框架下开展，围绕区域电网运行和资源配置实际需求，统筹考虑各省经济发展水平、价格承受能力等方面的差异，合理设计市场模式，平稳有序推进。

三、电力市场模式

电力市场模式通常是指电力市场的组织模式，其核心是电能量市场的中长期市场结果在现货市场应用的模式，体现了中长期市场和现货市场的衔接方式，包括集中式和分散式两种。

18. 集中式电力市场

集中式电力市场是主要以中长期差价合约管理市场风险，配合现货交易采用全电量集中竞价的电力市场模式。集中式电力市场模式下，发电厂商和电力用户达成的双边合约仅用于结算，并不要求在机组组合和发电计划安排中予以执行，主要的发电机组组合和计划安排由电力调度机构通过日前市场集中决策，是一种与电网运行联系紧密、将各类交易统一优化的交易模式。集中式电力市场模式适用于电网阻塞问题严重、新能源占比高、灵活调节资源占比低的地区，以美国、澳大利亚、新西兰和新加坡为代表。目前我国省级现货试点以集中式电力市场模式为主。

表 2 我国部分省级现货试点模式对比

项目	山西	甘肃	山东	浙江	福建	四川
市场模式	集中式	集中式	集中式	集中式	集中式	集中式（丰枯双期）

续表

项目	山西	甘肃	山东	浙江	福建	四川
价格机制	节点电价	节点电价	节点电价	节点电价	系统边际电价	系统边际电价
中长期交易机制	差价合约	差价合约	差价合约	差价合约	差价合约	差价合约
用户侧参与情况	报量不报价	报量报价	报量不报价	不参与→参与	不参与→参与	报量不报价
新能源参与情况	报量不报价	报量报价	报量报价	不参与	不参与	不参与

19. 分散式电力市场

分散式电力市场是主要以中长期实物合约为基础，由发用双方在日前阶段先行确定发用电曲线和机组组合，偏差电量通过日前、日内、实时平衡交易进行调节的电力市场模式。分散式电力市场模式下，市场主体在不同时间尺度下开展电能量市场实物交易，同时也可开展电力金融衍生品交易。市场主体可基于实物交易结果，自主确定发电计划，提交给电力调度机构安全校核后，作为调度计划基础。电力调度机构则在保障安全可靠运行的前提下，尽量保证实物合同的执行，并负责组织平衡市场。分散式电力市场模式强调电力商品交易的流动性，交易频次高、方式多样。分散式电力市场模式下，发电机组启停机方式和计划出力安排主要以日前阶段的实物交易结果约定的发用电曲线为基础，日前市场、日内市场和平衡市场相互关联，实现电力平衡。分散式电力市场模式适用于电网阻塞问题不突出、供需相对宽松、平衡调节能力较强的地区，以英国、北欧为代表。

四、电力市场运行

电力市场特别是现货市场的有序运营，与电网安全可靠运行存在密切关系。在现货市场的组织运营中，需要充分考虑电网安全约束带来的影响。

20. 安全约束机组组合和安全约束经济调度

在电力现货市场中，常常通过安全约束机组组合（Security Constrained Unit Commitment，SCUC）和安全约束经济调度（Security Constrained Economic Dispatch，SCED）方式开展出清，从而在出清环节内嵌考虑系统安全约束，实现经济效益与系统安全需求的统筹协调。

安全约束机组组合（SCUC）是指在考虑电力系统安全约束条件下（包括电网安全约束、机组运行约束、系统约束及其他可行性约束条件等），对机组启停机计划进行规划。在电力市场中，SCUC 的优化目标通常是社会福利最大（负荷需求弹性情况下）或购电成本最小（负荷需求刚性情况下）。

安全约束经济调度（SCED）是指在满足电力系统安全性约束的条件下，以系统购电成本最低等为优化目标，制订多时段的机组发电计划。SCED 主要是在机组启停机状态已经确定的条件下，编制机组的出力计划。

21. 阻塞管理

由于电力系统的特殊性，电力传输只能通过电力网络实现全网供需的实时平衡。一旦电力网络的输电线路出现潮流越限、不满足安全约束时，即出现了电网阻塞。广义上来说，阻塞管理就是出现网络阻塞情况下所采取的处理措施和方法。阻塞管理的主要目的是协调各个区域间的输电联络线使用者，对联络线的输电计划进行有效管理，以便最大限度地利用系统资源和实现社会经济效益。传统运行模式下，调度运行人员往往运用行政指令调整电网运行方式消除阻塞。而市场环境下需要更多地考虑发挥价格信号作用引导调整机组出力，常用方法包括再调度法、市场分裂法、节点电价法和对销交易法等。

再调度法（Re-dispatch）是一种实时消除阻塞的方法，主要运用于分散式电力市场模式。在日前市场出清后，市场运营机构为了避免可能的网络阻塞，依据各发电设备调整报价或政府核定成本排序对其次日出力计划进行微调。再调度法的阻塞成本由系统运营商直接承担，并最终通过输电费用向用户进行分摊。再调度法广泛运用于英国电力库（POOL）模式下，2005 年英国市场从电力库（POOL）模式向 BETTA（British Electricity Trading and Transmission Arrangements）模式过渡后，再调度法通过电力现货市场中的平衡市场来实现。

市场分裂法（Market Splitting）是将一个大市场分裂成多个小市场进行输电阻塞管理的方法。如果发生输电阻塞，将市场按照预先确定的分区方案划分为多个价区，在各个区域内部对买卖双方的报价进行新的均衡，计算每个价区的边际电价，作为该区域的市场出清价，从而消除各价区之间的输电阻塞，制订发电调度计划。两个阻塞区域间电价的差值导致了阻塞盈余的出现，调度机构通常依照规则将其在各价区之间进行分配，也可将其用于输电网络的投资建设或降低用户的输配电费。

节点电价法可以定义为在一定的系统运行状况下，电网中某个节点新增加单位有功功率需求时，在保证电网安全运行的前提下，系统所需增加的最小购电成本，反映了不同节点的短期边际成本。市场结算中，发电企业以发电母线处的节点边际电价结算，用户以其负荷母线处的节点边际电价支付，实质上是由用户支付阻塞盈余费用。阻塞盈余费用等于负荷需求方与发电供给方两地的节点边际电价（LMP）差值。采用节点电价法消除阻塞，阻塞盈余费用并不明显地显现出来，而是隐藏在节点边际电价中，相当于将阻塞盈余费用按各负荷对线路阻塞的影响大小隐性地分摊给了负荷需求方。美国电力市场普遍采用此种方式。

对销交易法（Counter Trading）是消除阻塞的方式之一。在日前市场和平衡市场中，市场运营机构根据市场主体的报价同时买入卖出电能，从而消除阻塞。北欧电力市场采取该模式实施阻塞管理，输电网运营商（TSO）以调整成本最小为目标使发电机组增加或减少发电出力，或给予工商业大用户一定补偿，使其改变用电方式以缓解系统阻塞问题。对销交易的费用由TSO承担，并以输电附加费的形式最终传导给电力用户。

综合来看，输电阻塞管理机制需与电力市场交易类型、定价、调度、结算方式相匹配，也可通过多种输电阻塞管理方式联合应用、相互协调来进一步优化管理效果。

五、电力市场价格机制

价格机制是电力市场的基本机制，反映了市场竞争过程中价格变动与供求变动之间相互制约的联系和作用。电力市场价格可以由市场主体之间自主协商形成（即双边交易），也可以由电力市场运营机构按照市场规则和市场主体申报的电量、电价进行市场出清形成（即集中交易）。在集中交易方式下，按照市场交易的流程，可从报价、出清、结算三方面总结梳理电力市场的价格形成机制。

22. 报价机制

电力市场中常见的报价方式包括单边报价和双边报价。

单边报价以澳大利亚国家电力市场为代表，是由发电侧进行报价、实时滚动出清的电力库模式市场，负荷侧不参与报价，市场运营机构预测用电负荷和辅助服务需求进行出清。

双边报价以美国 PJM 电力市场和英国电力市场为代表，由发用电两侧共同在规定时间内向市场运营机构提交量-价申报信息，并开展集中优化出清。从具体报价形式来看，还可进一步细分为报量报价和报量不报价两种，前者指市场主体申报单调递增的多段量-价对并用于市场出清和确定市场价格，后者指市场主体仅申报电量曲线、不申报价格，作为价格接受者参与市场交易。

23. 出清价格形成机制

目前国内外出清价格形成机制主要包括系统边际电价、分区边际电价和节点边际电价。

系统边际电价指在现货电能量交易中，按照报价从低到高的顺序逐一成交电力，使成交的电力满足负荷需求的最后一个电能量供应者的报价。主要适用于电网阻塞较少、阻塞程度较轻、阻塞成本低的地区。

分区边际电价指当电网存在输电阻塞时，按阻塞断面将市场分成几个不同的区域（即价区），每个区域的边际出清价格为满足该区域负荷需求的最后一个电能量供应者的报价。主要适用于阻塞频繁发生在部分输电断面且阻塞断面明显的地区。

节点边际电价指在满足发电侧和输电安全等约束条件下，为满足某一电气节点增加单位负荷时导致的系统总电能量供给成本的增量。节点边际电价由系统边际电价、阻塞价格和网损价格三部分构成。主要适用于电网阻塞程度较为严重、输电能力经常受限的地区。

24. 结算价格形成机制

结算价格形成机制包括按各市场主体的报价结算和按边际出清价格结算两种。

按各市场主体的报价结算即各市场主体按照所中标的电量和各自的实际

报价开展费用结算。这种模式在相同的发电报价策略下，相对于按边际出清价格结算可节省系统购电总成本，但容易引导市场主体不按边际成本/收益报价，使得发电企业产生抬高报价的倾向，不利于不同规模发电厂商之间的平等竞争。

按边际出清价格结算即各市场主体按照统一的市场边际出清电价结算。这种模式符合经济学原理，能够有效激励市场主体按照真实边际成本/收益报价，有利于反映电力供需的真实价值，但容易产生市场力问题。

六、电力市场相关主体

电力市场相关主体包括各类发电企业，电力用户，售电公司，电网企业，储能、分布式发电、负荷聚合商、虚拟电厂和智能微电网等其他新型经营主体，以及电力市场运营机构（电力交易机构、电力调度机构）和政府主管部门、市场管理委员会等。

25. 发电企业

发电企业是电力系统中的电能量供给方，向电力系统提供电能量和电力调节服务等。发电企业按规则参与电力市场交易，签订和履行各类交易合同，按规定参与电费结算，获得公平的输电服务和电网接入服务，签订并执行并网调度协议，服从电力调度机构统一调度，依法依规披露和提供信息，承担法律法规规定的其他权利和义务。

26. 电力用户

电力用户是电力系统中的电能量需求方，从电力系统中获得电能量，也可参与系统电力调节服务。电力用户按规则参与电力市场交易，签订和履行电力市场化交易合同、输配电服务合同，获得公平的输配电服务和电网接入服务，按规定支付购电费、输配电费、辅助服务费用、政府性基金及附加等，依法依规披露和提供信息，服从电力调度机构统一调度，承担法律法规规定的其他权利和义务。

27. 售电公司

售电公司代理电力用户从电力批发市场中购买电能量、满足代理电力用户用电需求，也可向电力用户提供增值服务。售电公司按规则参与电力市场交易，提供增值服务，与用户签订零售合同，并履行合同规定的各项义务，依法依规披露和提供信息，承担法律法规规定的其他权利和义务。具有配电网运营权的售电企业负责提供相应的配电服务，并依照用户委托提供代理购电服务。

28. 电网企业

电网企业负责保障电网以及输配电设施的安全稳定运行；为市场主体提供公平的输配电服务和电网接入服务，提供报装、计量、抄表、收费等各类供电服务；服从电力调度机构统一调度；依法依规提供相关市场信息；按照规定收取输配电费，代收代付电费和政府性基金及附加等，按时完成电费结算；保障居民、农业电力供应，按照政府授权开展代理购电业务；承担法律法规规定的其他权利和义务。

29. 新型经营主体

新型经营主体是相对于传统市场经营主体（即发电企业、电力用户、售电公司）的一个概念，是指具备电力、电量调节能力且具有新技术特征、新运营模式的配电环节各类资源。储能、分布式发电、负荷聚合商、虚拟电厂和智能微电网等一般视为新型经营主体。新型经营主体按规则参与电力市场交易，签订和履行市场交易合同，依法依规披露和提供信息，服从电网调度机构统一调度，承担法律法规规定的其他权利和义务。

30. 市场运营机构

我国电力市场运营机构主要包括电力交易机构和电力调度机构，负责电力市场交易的组织运营，参与市场交易规则制定，披露和发布市场信息，开展市场运行情况监视和分析等。

电力交易机构是不以营利为目的、按照政府批准的章程和规则为市场主体提供公平规范电力交易服务的专业机构。电力交易机构主要负责电力交易平台的建设、运营和管理，组织中长期市场交易，提供结算依据和服务；负责市场主体注册和管理，汇总电力交易合同，披露和发布市场信息等；配合电力调度机构组织现货交易。

电力调度机构是电网经营企业和供电企业的重要组成部分，其根本职责是依法行使生产指挥权，对电网运行进行组织、指挥、指导和协调，负责电力电量平衡、发电生产组织、电力系统安全运行、电网运行操作和事故处理、现货交易、辅助服务交易组织管理等，依法依规落实电力市场交易结果，保障电网安全、稳定和优质、经济运行。

31. 政府主管部门

电力市场的科学治理需要"有效市场"和"有为政府"的协同发力。政府主管部门在电力市场方面的职责主要是组织制定市场方案、审批市场规则、对市场实施监管等。在我国，主要由国家发展改革委、国家能源局组织研究制定国家电力市场建设整体方案和相关政策，组织市场运营机构编制相关市场规则，并负责规则审批；主导完善市场综合监管体系，提出宏观指导意见等。省政府和监管部门派出机构在国家顶层设计方案和基本规则指引下，组织研究制定省内市场方案和规则，实施各级电力市场监管。

32. 市场管理委员会

市场管理委员会是根据国家发展改革委、国家能源局在《关于印发电力体制改革配套文件的通知》（发改经体〔2015〕2752 号）中《关于电力交易机构组建和规范运行的实施意见》的相关要求，由电网企业、发电企业、售电企业、电力用户等选派代表组成的自治性议事协调机构，主要目的是维护市场的公平、公正、公开、保障市场主体的合法权益以及充分体现各方意愿。

2023 年 8 月，国家能源局印发《关于进一步加强电力市场管理委员会规范运作的指导意见》（国能发监管〔2023〕57 号），指出市场管理委员会的主要职责包括：研究讨论电力交易机构章程，审议电力市场管理委员会工作规则、秘书处工作规则，推荐电力交易机构高级管理人员；协调电力市场相关事项，建立听取市场成员诉求的机制，研究讨论市场运行中出现的异常情况、市场成员提出的合理诉求等，提出相关问题的解决建议；研究讨论电力市场相关交易规则、实施细则及实施方案，审议规则、细则、方案和关键市场参数的标准与取值，提出报价或出清价格上下限设置、信息披露相关内容建议；协助国家能源局及其派出机构和政府有关部门监督规范市场运营机构行为，建立市场自律监督工作机制。市场管理委员会实行按市场主体类别投票表决等合理议事机制，其审议结果经审定后执行。国家能源局及其派出机构和政府有关部门可以派员参与市场管理委员会有关会议，并对市场管理委员会审议结果行使否决权。

截至 2023 年 8 月，全国已组建 33 家市场管理委员会，有效发挥了议事协商作用。在国外一些电力市场运营机构中，也存在类似于我国电力市场管理委员会的机构，负责参与市场规则制定、修改、提出市场发展的相关建议、监督和评估市场参与者的行为等。

国外部分电力市场管理委员会情况

美国得州独立电力系统运营商（Electric Reliability Council of Texas，ERCOT）市场委员会。 ERCOT 的市场委员会（Market Oversight and Operations Committee，MOOC）是负责监督和管理 ERCOT 市场运营的重要机构。MOOC 主要由不同市场主体代表及 ERCOT 成员构成，市场主体代表覆盖发电企业、售电公司、电力用户、电网企业等相关实体，旨在确保市场参与者和利益相关者的广泛代表性，并促进市场运营的透明和公正。MOOC 的成员主要由 ERCOT 董事会指定和任命。MOOC 通过评估提案、讨论政策和决策、监管市场参与者的行为等方式，发挥着重要的市场监督和管理的作用。

美国加州独立系统运营商（California Independent System Operator，CAISO）市场监督委员会、治理审查委员会。 CAISO 市场监督委员会（Market Surveillance Committee，MSC）是一个由行业专家组成的独立咨询机构，负责向 ISO 首席执行官和加州理事会提供有关市场运营和监管中各种问题的评论、批评和建议。CAISO 治理审查委员会（Governance Review Committee，GRC），主要负责对市场发展和治理提出改进意见。

北欧电力交易机构的用户建议委员会。 该委员会由参与北欧电力市场的电力交易商和工业界代表构成，主要负责对北欧电力交易机构的业务和工作提出相应的建议和咨询，并向交易机构的董事会汇报。

七、电力市场管理

电力市场管理的目的是规范电力市场运营，保障电力交易公正、公平和公开，维护市场成员合法权益，促进电力市场稳定、健康、有序、协调发展。电力市场管理的内容主要包括市场监管、信息披露、绩效评价、信用体系等。

33. 电力市场监管

电力市场监管是指根据有关法律、法规和规章，由电力监管机构遵循市场规律对市场主体和市场运营机构及其行为进行的监督和管理，以实现电力市场竞争的合理、有序、公正、公平和公开。我国电力市场监管由国家能源局（及其派出机构）会同地方政府主导实施，市场运营机构配合政府相关部门实施监管，按照规定提供相关信息。

电力市场监管的内容通常包括以下五个方面：一是市场组织、运行合规性。即确保市场运营机构按规则、流程正确组织市场；各市场成员合理履行、行使自身权责；电力市场平稳有序开展。二是竞争公平性。即维护市场主体各方公平，确保无行使市场力、串谋等行为。三是电网安全运行。即确保市场运行以系统安全、可靠运行为前提。四是市场风险防控及干预。即防范政策落实、市场价格、供需平衡、各机构经营中可能出现的风险，并在必要情况下对市场进行干预或中止。五是信息披露。即监督市场成员各方获取信息、披露信息的相关权责。

34. 电力市场信息披露

电力市场信息披露是指信息披露主体向社会公众、行业内其他市场主体提供电力市场相关数据和信息的行为。信息披露主体是指参与电力市场的市场成员，包括发电企业、售电公司、电力用户、电网企业和市场运营机构等。市场运营机构包括电力交易机构和电力调度机构。

电力交易机构总体负责电力市场信息披露的管理，为信息披露主体创造良好的信息披露条件。信息披露主体根据电力市场信息披露相关规定，按照标准格式向电力交易机构提供相应信息，电力交易机构按照信息披露的范围向行业内其他市场主体或社会公众披露信息。

按照信息公开范围，电力市场信息分为公众信息、公开信息、私有信息和依申请披露信息。其中，公众信息是指可以向社会公众发布的管理办法和政策文件等数据和信息；公开信息是指符合相关保密规定前提下，向市场成员发布的数据和信息；私有信息是指特定的市场成员有权访问并且不得向其他市场成员公布的数据和信息；依申请披露信息是指仅在履行申请、审核程序后向特定申请人披露的数据和信息。

35. 电力市场绩效评价

电力市场绩效评价是指通过构建一套评价指标体系，采用定量和定性相结合的方式，从市场环境、市场结构、市场主体、市场运营、市场效益、市场价格、市场结算、电网安全等维度对电力市场进行全面评价，以检验市场结构是否合理，监测市场是否充分竞争，评估市场运营的经济性和安全性，发现市场中存在的问题并提出相应的措施和建议，推动修订和完善电力市场规则，进而提高市场公平性和透明度，实现电力市场经济、安全和高效运营。

36. 电力市场信用体系

电力市场信用体系是指包括信用监督、信用评价、失信行为惩戒、信用信息披露等内容的信用管理制度，旨在加强电力市场主体信用管理，有效防范电力市场交易风险，切实维护社会公共利益和市场主体合法权益，保障电力市场健康稳定发展，促进市场化交易规范运作。市场运营机构结合政府部门的管理办法、名单发布，公平公正开展市场主体信用评价工作，发布评价结果、提交名单建议、开展联合奖惩，并履行保密义务、接受政府监管。原则上，市场运营机构至少每年发布一次信用评价结果。市场主体信用评价可通过场外指标、场内指标、奖惩指标等进行评价，分别对应市场主体社会履约能力、市场交易行为、其他奖惩事项的定量评价。对于已经纳入政府认定的黑名单或者重点关注名单的市场主体，将予以扣分、降级、限制交易直至退市处理。

八、国外电力市场概况

自 20 世纪 90 年代初以来，国外电力市场建设已有三十多年的历史，目前英国、美国、澳大利亚、欧洲等都根据本国/地区电力系统的具体情况陆续建立了各自的电力市场。梳理国外典型电力市场建设的基本情况，研判其发展趋势和普遍规律，可为我国进一步深化电力体制改革、推动电力市场建设提供借鉴和参考。

37. 英国电力市场

英国电力市场采用以市场成员分散决策、分散平衡为主的市场决策方式，属于典型的分散式电力市场模式。英国电能量交易以场外双边交易为主，交易所内交易、平衡机制为辅。双边交易合同是电网调度的重要依据，是需要执行的物理合同。在实际合同电量交割前一小时，市场成员需以平衡机制单元（Balancing Mechanism Unit，BMU）为主体，将所有交易合同叠加成一条电力曲线（Final Physical Notification，FPN）向调度机构申报，同时在 FPN 基础上进行上调和下调服务报价（Bid/Offer）。调度机构根据 BMU 申报、系统不平衡功率和阻塞情况，通过平衡机制保障电力实时平衡，并开展阻塞管理。除上述交易类型外，英国电力市场中还包含面向低碳能源的差价合同交易和容量市场交易等类型。

38. 美国电力市场

美国建立了七个有组织的区域竞争电力市场，包括新英格兰（ISO-NE）、纽约（NYISO）、PJM、西南部（SPP）、得州（ERCOT）、加州（CAISO）和中西部（MISO），均采用典型的集中式电力市场模式。以 PJM 电力市场为例，中长期电能量交易是金融差价合约性质，主要采取双边交易方式；现货电能量交易是集中式的全电量交易，主要包括日前市场、实时市场，由市场运营机构（PJM 公司）集中进行组织。此外，PJM 还设立了金融输电权市场、容量市场等交易品种。

39. 澳大利亚电力市场

澳大利亚国家电力市场（NEM）于 1998 年开始运行，市场范围覆盖澳大利亚主要用电区域。NEM 采用"中长期金融合约+单边强制性电力库（POOL）+辅助服务市场"的集中式电力市场模式，电力调度和电力市场交易均由澳大利亚能源市场运营机构（Australia Energy Market Operator，AEMO）承担。NEM 现货市场为单边市场，仅在发电侧开展竞价，用户侧仅作为价格接受者。NEM 市场采取预出清机制，在实时市场运行之前，AEMO 滚动开展预出清，其结果仅为市场主体提供价格预测信息，并不参与结算。实时市场每 5min 优化出清一次，电能量市场和调频辅助服务市场联合出清。

40. 欧盟统一电力市场

为更好地促进资源大范围优化配置，保障安全、可持续、可负担的能源供应，欧盟持续推进各成员国电力市场的融合开放，建成包含中长期市场、日前市场、日内市场以及平衡市场四个部分的跨国电力市场。其中，中长期市场主要包含物理合约和金融合约两种交易品种，通过市场主体场外自行双边协商或场内交易达成；日前市场形成了欧盟日前统一耦合市场（Single Day-ahead Coupling，SDAC），由轮值的电力交易机构根据跨境传输通道的可用传输容量和市场申报信息，采用欧洲电力市场整合算法（Pan-European Hybrid Electricity Market Integration Algorithm，EUPHEMIA）实施统一优化出清；日内市场形成日内统一耦合市场（Single Intra-Day Coupling，SIDC），采用类似于股票市场的撮合交易模式；平衡市场主要在各个成员国内由本地输电网运营商（TSO）自行组织进行系统平衡，欧盟层面开展跨国平衡试点项目并进一步探索建立跨国跨区平衡市场机制。

九、我国电力市场概况

自 2015 年党中央、国务院部署实施新一轮电力体制改革以来，我国电力市场建设稳步有序推进，市场在资源优化配置中的作用明显增强。下一步，随着市场建设的不断深化，需要在现有基础上，立足我国能源发展实际和新形势、新要求，进一步优化完善市场建设的总体设计和实施方案，探索有中国特色的电力市场化改革发展道路，服务于中国式现代化和"双碳"目标的全面实现。

41．我国电力市场建设历程

20 世纪 80 年代之前，我国电力工业一直实行垂直一体化的计划管理体制。20 世纪 80 年代至 21 世纪初，我国电力体制改革先后经历了集资办电、政企分开和公司化改革等不同阶段。1998 年，国务院办公厅印发了《国务院办公厅转发国家经贸委关于深化电力工业体制改革有关问题意见的通知》（国办发〔1998〕146 号），决定在上海、浙江、山东、辽宁、吉林和黑龙江 6 省（市）进行"厂网分开、竞价上网"试点工作，对省电力市场建设进行了初步的摸索。

2002 年，以国务院《关于印发电力体制改革方案的通知》（国发〔2002

5 号）的发布为重要标志，我国开始实施以"厂网分开、竞价上网、打破垄断、引入竞争"为主要内容的电力体制改革，从根本上破除了电力市场建设的体制障碍，并开展了区域电力市场建设、电力用户与发电企业直接交易等实践探索。其中，东北电力市场 2004 年 1 月开始采用部分电量、单一制电价的月度竞价模式进行模拟运行，2004 年 6 月改为全电量竞争、两部制电价模式并进行年度、月度竞价模拟，2005 年完成了两轮年度竞价交易和 8 个月的月度竞价。由于受到电力市场竞争规则不完善、销售电价联动和输配电价机制不健全、容量定价方式不合理、电网阻塞造成部分发电企业行使市场力等多重因素影响，2006 年东北电力市场年度竞价结果平衡账户出现大幅资金亏损而暂停运营。华东电力市场建设方案于 2003 年正式获批，2004 年 5 月开始进入模拟运行阶段，2006 年进行了两次调电试运行之后进入调整总结阶段，市场模式采用单一制电价、全电量报价、部分电量按竞价结果结算的方式。南方区域电力市场 2005 年 11 月进入模拟运行阶段，市场模式采用单一制电价、部分电量竞争的形式。上述 6 省（市）电力市场和区域电力市场的实践探索，检验了不同市场模式在我国的适用性，为电力市场的深化改革积累了经验和教训。

2015 年，《关于进一步深化电力体制改革的若干意见》（中发〔2015〕9号）的发布实施，拉开了我国新一轮电力体制改革的帷幕，我国电力市场建设进入了实质性发展阶段并取得了丰硕成果。2021 年 11 月 24 日，中央全面深化改革委员会第二十二次会议审议通过了《关于加快建设全国统一电力市场体系的指导意见》，系统规划了今后一个时期我国电力体制改革的使命任务、方向目标和主要举措，为加快推进我国电力市场建设指明了方向。2023年7月，中央全面深化改革委员会第二次会议审议通过《关于深化电力体制改革加快构建新型电力系统的指导意见》，对"健全适应新型电力系统的体制机制"、推动加强"市场机制创新"提出新的更高要求，我国电力市场建设进入全面加速建设的新阶段。

42. 我国电力市场建设现状及成效

近年来，我国电力市场建设持续向纵深推进，取得了明显进展，有效激发市场活力、提高市场效率、释放市场红利。

（1）适应市场化要求的电力价格体系全面建立

落实"放开输配以外的竞争性环节电价"要求，按照"准许成本+合理收益"原则，建立独立输配电价机制和制度框架，对电网环节实施严格监管定价，完成三个监管周期的输配电价核定，有效实现了"管住中间"。分步放开燃煤发电上网电价、工商业目录销售电价，继续保持居民、农业用电价格稳定，实现了公益性以外的发售电价格由市场形成，建立了"能涨能跌"的市场化电价机制。

（2）多层次统一电力市场体系基本确立

我国已初步形成在空间范围上覆盖省间、省内，在时间周期上覆盖多年、年度、月度、月内的中长期交易及日前、日内、实时现货交易，在交易标的上覆盖电能量、辅助服务、合同、绿电等交易品种的全市场体系结构，"统一市场、两级运作"的全国统一电力市场总体框架基本建立。省间市场立足服务国家能源战略、促进资源大范围优化配置，建立了覆盖中长期、现货交易和区域辅助服务的全形态市场，省间中长期市场进入连续运营，省间现货市场于 2024 年 10 月转入正式运行，各区域均建立了调峰市场。省内市场发挥省级电力电量基础平衡责任、保障全网电力供应安全，中长期市场实现年度、月度、月内定期开市，截至 2024 年 9 月，第一批省级现货试点中山西、山东、广东、甘肃转为正式运行，福建、四川、浙江、蒙西、湖北等实现长周期结算试运行，除西藏外，调峰调频辅助服务市场实现省级全覆盖。

（3）交易机构独立规范运行取得突破性进展

按照"推进交易机构相对独立、规范运行"要求，北京和广州 2 个国家级电力交易中心和 33 家省级电力交易中心组建并全面完成股份制改造，实现独立化运作，公司治理结构不断完善，为电力市场交易的高效规范组织运行奠定了良好基础。

（4）市场资源优化配置决定性作用逐步显现

电力生产组织方式加速实现由计划向市场的根本性转变。2023 年，全国各电力交易中心累计组织完成市场交易电量 5.67 万亿 kW·h，同比增长 7.9%，占全社会用电量比重为 61.4%，同比提高 0.61 个百分点。其中，省内交易电量合计为 4.51 万亿 kW·h，省间交易电量合计为 1.16 万亿 kW·h[1]。市场在促进电力资源更大范围优化配置的作用不断增强。

（5）配售电多元化市场主体加快培育

向社会资本开放配售电业务，售电侧改革稳步快速推进，扎实落实电网

---

[1]　数据来源：中国电力企业联合会。

代理购电政策，有序推动工商业用户全部进入市场。2023 年，全国范围内在交易机构注册的主体数量达到 70.8 万家❶，国家电网有限公司代理购电占全部工商业电量比重降至 30%左右，多元化的市场竞争格局初步形成，有效探索激发市场主体活力。

（6）多措并举推动新能源消纳水平持续提升

依托大电网、大市场，创新开展新能源省间外送交易、替代交易、发电权交易、绿电绿证交易等，逐步形成了一系列适合我国国情的新能源消纳市场机制。截至 2023 年底，全国风电装机容量 4.4 亿 kW、太阳能发电装机容量 6.1 亿 kW，合计占总发电装机容量比重为 36%；全年新能源市场化交易电量 6845 亿 kW·h，占新能源总发电量的 47.3%❶。

43. 新型电力系统下市场建设展望

随着"双碳"目标和新型电力系统加快推进，我国能源电力发展格局和电力系统运行机理将发生深刻变化，电力市场建设的基础条件和面临的形势发生了重大改变。

国网能源院认为：预计未来我国电力市场建设将在市场形态、市场功能、市场主体方面呈现以下特点。

（1）市场形态

未来电力市场体系将呈现时空双向延伸的特点。在空间维度上，适应我国新能源大型能源基地集中开发与负荷中心分布式建设齐头并进的趋势，一

---

❶ 数据来源：国家能源局。

方面，需要依托大电网、大市场，通过省间灵活交易，有效利用全网调节能力，实现大规模资源优化配置和余缺互济，满足大型能源基地新能源消纳需要；另一方面，需要推动分布式、微网、虚拟电厂等聚合参与交易，更好地激发负荷侧资源调节潜力，满足分布式新能源发展需要。在时间维度上，适应新能源间歇性、难预测的特点，一方面，电力交易将向更短周期延伸、向更细时段转变，通过高频次灵活交易，高效实现偏差处理，满足市场主体灵活调整的需求；另一方面，探索可再生能源长期购电协议（PPA）等运作机制，充分发挥长周期中长期合约的"压舱石"作用，为市场主体提供长期收益预期和风险防范手段。

（2）市场功能

未来我国将逐步建立电能量、容量、辅助服务、输电权、绿电、绿证等相协调的完备电力市场体系，协同推进电碳市场建设，实现电能商品的电能量价值、安全稳定价值、绿色价值的协调。新型电力系统下，电力商品价值不断细化和差异化，需要在电能量交易的基础上，不断创新交易品种，反映不同的价值属性，满足不同主体的利益诉求。进一步完善电力辅助服务市场、健全容量成本回收机制，合理反映安全稳定和容量支撑等价值属性，保障系统灵活性和容量充裕性。从环境价值来看，反映可再生能源绿色环境属性的绿色电力交易、绿色证书交易机制需要进一步优化，能耗双控、碳双控、可再生能源发展等各类政策需要进一步统筹，以更好地促进可再生能源环境价值的流通。

（3）市场主体

以双边直接交易为基础深化市场建设，各类市场主体逐步进入电力市场，合理选择不同交易品种、交易周期进行交易。发电侧：新能源逐步承担电量供应、市场竞争和安全主体责任，主要通过市场化方式消纳；煤电作为电力供应兜底保障电源，主要通过容量和辅助服务市场反映其对系统的容量支撑、安全备用和系统调节等作用；除必要的安全保供支撑电源外，其余电源全面进入电力市场。用户侧：除优购用户外，全面参与电力市场，健全保底供电机制，逐步探索让具备条件和意愿的优购用户参与市场的运作机制；分布式电源、储能、虚拟电厂等新型经营主体灵活参与电力市场，逐渐打破生产、消费界限，完善不同类型市场主体耦合参与的统一电力市场机制，打造源网荷储共同促进高比例新能源消纳的市场格局。

十、碳市场相关概念与分类

碳排放权交易又称碳市场，起源于排污权交易理论，20 世纪 60 年代由美国经济学家戴尔斯提出，并首先被美国国家环保局用于大气污染源（如二氧化硫排放等）及河流污染源管理。随后，德国、英国、澳大利亚等国家相继实行了排污权交易。20 世纪末，气候变化问题成为全球焦点。1997 年，100 多个国家签署了《京都议定书》，该条约规定了发达国家的减排义务，同时提出 3 个灵活的减排机制，碳市场是其中之一。自《京都议定书》生效后，碳市场发展迅速，各国家及地区纷纷开始建立区域内的碳市场体系以实现碳减排承诺的目标。碳市场交易标的是碳排放配额，主要功能是为碳排放量控制和碳排放定价，按照交易目的、覆盖的地理区域、交易标的等可分为多种类型。

44. 碳定价

碳定价（Carbon Pricing）[1]是对温室气体排放以每吨二氧化碳当量为单位进行明确定价的机制。碳定价主要有碳排放权交易和碳税两种模式，碳排放权交易通过市场形成碳价，碳税由政府制定碳价。

---

[1] 来源：世界银行，《2022 年碳定价发展现状与未来趋势报告》，2022。

45. 碳排放权交易市场

碳市场基于总量控制与交易原理进行设计，政府设定碳排放总量，根据分配方法向重点行业控排企业发放碳排放限额（配额），企业根据配额余缺情况，可在碳市场中进行买卖。如果企业实际碳排放量低于配额，可将富余的配额在碳市场中出售并获利，反之，可选择购买配额或自行减排等措施。碳交易的主要对象是温室气体的排放权（配额），以吨二氧化碳当量（tCO_2e）为计算单位。

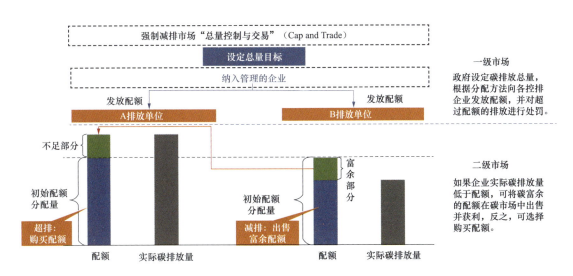

图 1　碳交易市场示意图

46. 碳交易类型

碳交易有不同类型。按交易目的可划分为强制性碳交易和自愿性碳交易。按覆盖的地理区域可划分为区域性碳交易和全国/跨国性碳交易。按交易标的可划分为基于配额的碳交易和基于项目的碳交易。其中，基于配额的碳交易是指总量控制与交易（Cap and Trade）机制下产生的碳排放配额的交易；基于项目的碳交易是指对减排项目所产生的碳减排量的交易。

表3　　　　　　　　　　　　　碳市场的分类方式

分类方式	市场类型	典型市场
交易目的	强制性碳交易	中国碳排放权交易市场、欧盟碳市场（EU ETS）、澳大利亚新南威尔士州温室气体减排体系（NSW GGAS）
	自愿性碳交易	中国温室气体自愿减排市场、芝加哥气候交易所（CCX）[①]、日本资源排放交易体系（J-VETS）
覆盖的地理区域	区域性碳交易	中国北京、天津、上海、重庆、湖北、广东、深圳等地方碳市场，美国区域温室气体减排行动（RGGI），澳大利亚新南威尔士州温室气体减排体系（NSW GGAS）
	全国/跨国性碳交易	中国碳排放权交易市场、欧盟碳市场（EU ETS）
交易标的	基于配额的碳交易	中国碳排放权交易市场、欧盟碳市场（EU ETS）
	基于项目的碳交易	中国温室气体自愿减排市场、清洁发展机制（CDM）
行业覆盖范围	多行业碳交易	中国北京、天津、上海、重庆、湖北、广东、深圳等地方碳市场，欧盟碳市场（EU ETS）
	单行业碳交易	美国区域温室气体减排行动（RGGI）

① 已停市。

在我国，碳市场按覆盖的地理区域可划分为全国碳排放权交易市场和地方试点碳市场。按照交易目的，可划分为碳排放权交易市场与温室气体自愿减排交易市场（CCER）。**本书主要讨论全国碳排放权交易市场与全国温室气**

体自愿减排交易市场。

47. 碳排放权

碳排放权（Carbon Emission Rights）是指分配给重点排放单位的规定时期内的碳排放额度。其中，碳排放是指煤炭、石油、天然气等化石能源燃烧活动和工业生产过程以及土地利用变化与林业等活动产生的温室气体排放，也包括因使用外购电力和热力等所产生的温室气体排放。

48. 总量控制与交易

对于以减排为目的的碳交易而言，总量（Cap）设定相当于对碳排放设置一个上限。另外，随着时间的推移设置愈发严格的上限值，可以根据碳中和的长远目标倒推出一个合适的时间表和路线图。交易（Trade）是为了实现碳减排政策的市场化手段。将减排责任与义务下沉到市场主体后，以碳交易作为激励措施，可以将碳减排成效与公司的成本效益紧密相连。

49. 碳排放配额

碳排放配额，是指分配给重点排放单位规定时期内的二氧化碳等温室气体的排放额度。1 个单位碳排放配额相当于向大气排放 1t 的二氧化碳当量[1]。

---

[1] 国务院，《碳排放权交易管理暂行条例》第三十条，2024。

50. 监测、报告与核查机制

监测、报告与核查（Monitoring，Reporting and Verification，MRV）是针对温室气体排放可监测、可报告、可核查的体系。监测、报告与核查三者紧密联系，相辅相成，是确保碳排放数据准确的重要路径。

51. 活动数据

活动数据是导致温室气体排放的生产或消费活动量的表征值，例如各种化石燃料消耗量、外购电量等。

52. 排放因子

排放因子表征单位生产或消费活动量的温室气体排放系数，例如每单位化石燃料燃烧所产生的二氧化碳排放量、每单位购入使用电量所对应的二氧化碳排放量等。

53. 碳排放配额清缴

碳排放配额清缴是指重点排放单位在规定的时限内，向政府主管部门缴纳等同于其经核查确认的上一年度温室气体实际排放量的碳排放配额的行为。

54. 碳抵消/碳抵销

目前，"碳抵消"与"碳抵销"概念存在一定的混用，国网能源院认为两者各有侧重。

"碳抵消"是指减少二氧化碳排放的贡献，与产生的碳排放量进行抵消。即个人或组织通过有效措施获得相应二氧化碳减排额度，可用于抵消自身产生的二氧化碳排放量。

"碳抵销"主要用于碳市场，是指正在执行或者已经批准的减排活动项目，经过核查后产生的减排量在碳市场进行交易，从而用作重点排放单位排放量的抵销。

55. 碳信用

碳信用（Carbon Credit）是指温室气体减排项目按照技术标准和程序，经第三方专业机构审定、认证后，由权威管理机构对其减排量予以签发而产生的减排指标。碳信用机制有三个主要类型，分别是国际碳信用机制、区域碳信用机制和独立第三方碳信用机制。

56. 国家核证自愿减排量

国家核证自愿减排量（China Certified Emission Reduction，CCER）[1]是指对我国境内可再生能源、林业碳汇等项目的温室气体减排效果进行量化核证，并在国家温室气体自愿减排交易注册登记系统中登记的温室气体减排量。

---

[1] 《碳排放权交易管理办法（试行）》（生态环境部令 2020 年第 19 号）。

57. 碳汇

碳汇（Carbon Sink）也称汇，是指从大气中清除温室气体、气溶胶或其前体物质的任何过程、活动等。国家统计局指出，碳汇主要是指森林吸收并存储二氧化碳的多少，或森林吸收并存储二氧化碳的能力。森林是陆地生态系统中最大的碳库，在降低大气中温室气体浓度、减缓全球气候变暖方面，具有十分重要的独特作用。

58. 碳资产

碳资产（Carbon Asset）❶是指以碳排放权益为核心的所有资产。包括在强制性碳交易、自愿性碳交易机制下产生的可直接或间接影响组织温室气体排放的碳配额、碳信用及其衍生品。

59. 碳税

碳税（Carbon Tax）❷是针对碳排放所征收的一种环境税。以含碳燃料（如煤炭、天然气、石油等）为征税对象，按照其碳排放量征税。

60. 碳关税

碳关税（Carbon Tariff）是指主权国家或地区对进口的高碳排放产品征收

---

❶ 普华永道，《碳资产白皮书》，2021。
❷ GB/T 32150－2015《工业企业温室气体排放核算和报告通则》。

的二氧化碳排放特别关税。

欧盟碳边境调节机制（Carbon Border Adjustment Mechanism，CBAM）

欧盟碳边境调节机制也称为欧盟碳关税或碳边境调节税，是欧盟"Fit for 55"减排计划（到 2030 年，欧盟温室气体排放量将比 1990 年基准至少降低 55%）的关键措施之一，旨在解决欧盟内外企业碳排放成本不对称造成的"碳泄漏"风险。这里的碳排放成本主要是指欧盟企业参与欧盟碳市场（EU ETS）带来的成本，通过对来自其他国家、地区的产品征收碳边境调节税，使进口企业承担与欧盟企业一样的碳成本。2023 年 5 月 17 日，欧盟碳边境调节机制（CBAM）法案文本正式生效。

从征收时间节点看，2026 年为正式征收时间。2023 年 10 月 1 日至 2025 年 12 月 31 日为过渡期，进口商仅履行报告义务，在每季度结束后一个月内，报告每种类型货物的总量、产品所含的直接排放和间接排放量、原产国支付的碳价格。2026 年 1 月 1 日后正式实施，进口商必须于每年 5 月 31 日前申报上一年进口到欧盟的货物数量及其碳排放量，购买对应数量的 CBAM 证书用于抵销。

从覆盖行业范围看，过渡期覆盖钢铁、铝、水泥、电力（发电）、化肥、氢六类产品。过渡期结束前，欧盟将进一步评估是否纳入有机化工和塑料，2030 年前可能扩展到欧盟碳市场涵盖的所有产品，主要为初级原材料及制成品（如钢管、螺丝和铝材等），不涉及汽车、光伏等集成产品。

从征收费用标准看，由产品碳排放、欧盟碳价和生产国碳成本（碳市场配额价格和国内碳税）共同决定。进口商申报产品碳排放量，扣除欧盟同类产品免费配额对应的碳排放量后，购买相应数量的 CBAM 证书。证书的价格根据欧盟碳市场每周碳配额平均拍卖价格计算。进口产品在原产国已支付的碳成本可以用于抵扣，目前欧盟仅认可碳市场价格和国内碳税两类。

61. 碳足迹

"碳足迹"（Carbon Footprint）定义为：衡量人类活动中释放的或是在产品或服务的整个生命周期中累计排放的二氧化碳和其他温室气体的总量。从应用层面看，碳足迹可分为国家碳足迹、组织碳足迹、产品碳足迹及个人碳足迹等。其中，产品碳足迹是应用最广的概念。产品碳足迹是对于产品的整个生命周期，从原材料的开采、制造、运输和分销、使用到最终废弃处置或回收再利用各个阶段所产生的温室气体排放量的核算累加。也就是说，要考虑"从摇篮到坟墓"整个过程中每个阶段的碳排放。碳足迹是衡量生产企业和产品绿色低碳水平的重要指标。

《欧盟电池和废电池法》与碳足迹

2019 年，欧盟提出《欧洲绿色新政》，旨在将欧盟转变为拥有现代化、资源节约型和有竞争力的经济体。《欧盟循环经济行动计划》（Circular

Economy Action Plan，CEAP）是该新政的重要支柱政策。《欧盟电池和废电池法》（简称电池法案），则是 CEAP 新框架下首个正式生效的行动法案，于 2023 年 6 月正式通过。

电池法案在电池全生命周期信息披露及其环境影响尤其是可持续发展领域的内容上增加了诸多强制履行条例，其中，最近实施的是 2024 年 7 月要求开始披露的电池碳足迹信息及生产信息清单。

电池法案所管控的电池细分为便携式电池、汽车用蓄电池（SLI 电池）、轻型运输工具（LMT）电池、动力电池和工业电池五类。其中，电池法案明确要求容量大于 $2kW \cdot h$ 的可充电工业电池、汽车用蓄电池和轻型运输工具（LMT）电池需要按类别，提供符合最新版欧盟产品环境足迹计算指南（Product Environmental Footprint，PEF）的电池碳足迹报告。

电池法案中针对各类电池公布碳足迹声明设置了实施期限。根据要求，电动汽车用蓄电池自 2025 年 2 月起便需要公布自身碳足迹报告，并陆续公布其碳足迹性能等级。经通过第三方审核认证后，超过碳排放阈值要求、不满足相关要求的电池产品，将被禁止进入欧盟市场。

PEF 产品环境足迹计算指南是欧盟官方的生命周期评价（LCA）标准与认证体系。在 PEF 产品环境碳足迹计算指南中，电池制造商需要按照 PEF 的全生命周期框架来分解各个环节，测算各个活动的碳排放，并结合相应的生命周期碳排放因子来获得碳足迹数据。这些数据经过自主核查，然后由欧盟官方指定的审核机构进行验证，最终公开披露。根据电池法案的规定，各类电池的碳足迹计算系统边界应主要针对材料获取和预处理、主要产品生产、分销、自身电力生产、生命周期末期处理五个环节进行建模计算。

十一、碳市场运行

按照交易目的划分，碳市场可分为强制性碳市场（碳排放权交易市场）和自愿性碳市场。我国碳交易体系由全国碳排放权交易市场与全国温室气体自愿减排交易市场共同组成。碳排放权交易市场的核心运行机制包括总量控制目标，覆盖范围，配额分配，交易机制，碳排放监测、报告与核查机制，履约机制，抵销机制等，每个履约周期一般为一年或几年。自愿性碳市场核心运行机制包括项目支持领域、项目方法学制定与发布、项目设计与实施、CCER 交易和注销等。

62. 全国碳排放权交易市场核心要素

（1）总量控制目标

碳排放权交易市场的排放总量是指政府在一定时间内发放的配额数量上限，限制了被纳入排放源的碳排放总量。配额总量的多少决定了其稀缺性，也直接影响碳市场的配额交易价格。碳市场总量确定大概有三种方式：一是"自上而下"方式；二是"自下而上"方式；三是"自上而下"和"自下而上"相结合方式。"自上而下"方式是按照碳排放强度逐年降低的要求，综合各地区的经济发展水平制定碳市场总量。"自下而上"方式是对重点行业、企业进行数据摸底，掌握实际排放水平，合理划定覆盖范围和边界，再进一步确定碳市场的配额总量。"自下而上"方式在碳市场形成初期更有可操作性和可行性，而"自上而下"方式更能形成相对严格的碳排放总量控制，两者结合更为公平和有效。

目前我国碳市场总量设定方法采用基于碳排放强度控制的"自上而下"和"自下而上"相结合的设定法。根据《碳排放权交易管理暂行条例》，国务院生态环境主管部门会同国务院有关部门，根据国家温室气体排放控制目标，综合考虑经济社会发展、产业结构调整、行业发展阶段、历史排放情况、市场调节需要等因素，制定年度碳排放配额总量和分配方案，并组织实施。省级人民政府生态环境主管部门会同同级有关部门，根据年度碳排放配额总量和分配方案，向本行政区域内的重点排放单位发放碳排放配额。

以发电行业为例，根据生态环境部印发的《2021、2022 年度全国碳排放权交易配额总量设定与分配实施方案（发电行业）》，省级生态环境主管部门按照此方案确定的配额核算方法及碳排放基准值，结合本行政区域内各发电机组 2021、2022 年度的实际产出量（活动水平数据）及相关修正系数，核定各机组各年度的配额量；将重点排放单位拥有的机组相应的年度配额量进行加总，核定得到各重点排放单位各年度配额量；将核定后的各重点排放单位各年度配额量进行加总，形成本行政区域各年度配额总量。生态环境部将各省级行政区域各年度配额总量加总，最终确定各年度全国配额总量。

（2）覆盖范围

覆盖范围的选择是碳交易市场建设的焦点和难点问题之一。从世界上现有的碳市场运行中可以看出，各国均根据各自发展情况和特点确定覆盖行业和企业范围。例如，美国区域温室气体减排行动（RGGI）只包含了电力行业，日本碳市场的主要交易实体为建筑业，而欧盟碳市场（EU ETS）则是分阶段逐渐将工业领域纳入进来，第一、第二阶段仅涵盖电力及热力、炼油、水泥等重点行业，第三阶段增加了航空、石油化工、制氨和铝业，2024 年起新增航运业。碳市场覆盖范围的确定通常遵循"先少后多、先易后难、先大后小"原则，主要是控制重点行业中重点排放企业，通常会根据其年度能源消费总量或二氧化碳排放量划定纳入强制减排的企业准入门槛。

我国碳市场覆盖范围从发电行业逐步覆盖到八大重点行业，电网未纳入。全国碳排放权交易市场控排的温室气体类型为二氧化碳，目前纳入发电企业（含其他行业自备电厂）。根据生态环境部印发的《关于加强企业温室气体排放报告管理相关工作的通知》（环办气候〔2021〕9 号），覆盖范围为发电、石化、化工、建材、钢铁、有色、造纸、航空等重点排放行业的 2013—2020 年任一年温室气体排放量达 2.6 万 tCO_2e（综合能源消费量约 1 万 tce）及以上的企业或其他经济组织（简称重点排放单位）。

（3）配额分配

配额分配是碳交易机制设计的核心要素之一。从国外经验来看，其碳交易的初期主要采用免费分配为主的方式。随着碳交易制度的成熟和完善，以及考虑到对新进入者的公平问题，拍卖成为配额分配的主要方式。采取免费分配配额的方式，可最大限度地鼓励相关行业与企业积极参与碳交易市场机制。综合考虑经济社会发展趋势和重大项目建设情况，合理确定政府可监管的年度碳排放权配额总量指标，并根据制定的相应规则，向控排企业合理发放碳排放权配额。配额分配方法包括历史法和基准法。历史法应用较为广泛，包括历史排放法和历史强度法，但存在已释放减排空间的先进企业反而得到更少的配额、无法覆盖新增产能的问题；基准法包括历史强度法和行业基准法，基准法的使用可以弥补历史法的劣势，但在基准选择和尺度把握上还存在难度和复杂性，应用方面还局限于电力和供暖行业。

我国碳市场初期碳排放配额实行免费分配，未来根据国家有关要求将逐步推行免费和有偿相结合的分配方式。碳排放配额是指重点排放单位拥有的发电机组产生的二氧化碳排放限额，主要是化石燃料消费产生的直接二氧化碳排放和净购入电力所产生的间接二氧化碳排放[1]。

发电企业首个履约周期覆盖 2019 年和 2020 年的排放，对配额全部免费分配。各类机组的配额主要根据实际产出（如 2019－2020 年的实际供电量/供热量）和参照行业先进基准设定的碳排放基准值进行分配。以 300MW 等级以上常规燃煤机组为例，每发 1kW·h 电量可获得 0.877kg 二氧化碳配额。第二履约周期发电行业年各类别机组碳排放基准进一步缩紧。

（4）碳排放核算方法

碳排放数据的准确性是碳交易能否顺利运行的前提和重要保证。企业碳排放核算需明确核算内容、范围及标准。

碳排放量的核算主要有排放因子法、质量平衡法、实测法三种方式。排

---

[1] 未来间接排放可能取消，根据《2023、2024 年度全国碳排放权交易发电行业配额总量和分配方案（征求意见稿）》，重点排放单位因使用电力产生的二氧化碳间接排放不再纳入全国碳排放权交易市场管理范围。

放因子法是联合国政府间气候变化专门委员会（IPCC）提出的通用方法。碳活动数据主要来自国家相关统计数据、排放源普查和调查资料、监测数据等。排放因子可以采用 IPCC 报告中给出的缺省值（即依照全球平均水平给出的参考值），也可以自行设定。

质量平衡法是基于设备设施和工艺流程的碳质量平衡关系计算碳排放量的方法。该方法的优势是可反映碳排放发生地的实际排放量，不仅能够区分各类设施之间的差异，而且还可以分辨单个和部分设备之间的区别。尤其在设备不断更新的情况下，该方法更为简便。

实测法是指对排放源进行现场实测获得基础数据，进而汇总得到碳排放量的方法。该方法中间环节少、结果准确，但数据获取相对困难，投入较大。现实中多是将现场采集的样品送到有关检测部门，利用专门检测设备和技术进行定量分析。因此，该方法受到样品采集与处理流程中的样品代表性、测定精度等因素的干扰。

以发电行业为例，我国碳市场碳排放核算方法主要采用实测法和排放因子法。其中，化石燃料燃烧产生的碳排放量基于实测获得的单位热值含碳量等数据汇总测算。

1）核算边界。核算边界为发电设施，主要包括燃烧系统、汽水系统、电气系统、控制系统和除尘及脱硫脱硝等装置的集合，不包括厂区内其他辅助生产系统及附属生产系统。

2）核算范围。发电设施温室气体排放核算和报告范围包括化石燃料燃烧产生的二氧化碳排放、购入使用电力产生的二氧化碳排放。

化石燃料燃烧产生的二氧化碳排放一般包括发电锅炉（含启动锅炉）、燃气轮机等主要生产系统消耗的化石燃料燃烧产生的二氧化碳排放，以及脱硫脱硝等装置使用化石燃料加热烟气的二氧化碳排放，不包括应急柴油发电机组、移动源、食堂等其他设施消耗化石燃料产生的排放。对于掺烧化石燃料的生物质发电机组、垃圾（含污泥）焚烧发电机组等产生的二氧化碳排放，仅统计燃料中化石燃料的二氧化碳排放。对于掺烧生物质（含垃圾、污泥）的化石燃料发电机组，应计算掺烧生物质热量占比。

（5）碳排放监测、报告与核查

监测、报告与核查（MRV）是针对温室气体排放可监测、可报告、可核查的体系。监测、报告与核查三者紧密联系，相辅相成，是确保碳排放数据准确的重要路径。碳市场应建立统一的 MRV 机制，确保碳排放配额在全国范围内流通，同时也有助于大型企业集团集中管理和指导完成不同地区子公司及分支机构 MRV 工作。国家层面要研究制定第三方核证机构指南，明确第三方核证机构资质要求，制定碳排放核查技术指南等。

我国碳市场重点排放单位根据生态环境部制定的温室气体排放核算与报告技术规范，编制该单位上一年度的温室气体排放报告，并于每年 3 月 31 日前报所在省级生态环境主管部门。省级生态环境主管部门组织开展对重点排放单位温室气体排放报告的核查，并将核查结果告知重点排放单位。核查结果应当作为重点排放单位碳排放配额清缴依据。生态环境部已公布《企业温室气体排放核算方法与报告指南　发电设施》《企业温室气体排放核查指南　发电设施》《企业温室气体排放报告核查指南（试行）》，明确了碳排放核算、报告与核查等要求。

（6）交易机制

从国际经验看，碳市场通常分为两级市场：一级市场对碳配额进行初始分配，包括免费发放和拍卖两种形式；二级市场可采取公开交易和协议转让两种方式。市场初期主要开展现货交易，交易品种主要是碳排放配额和碳减排项目核证减排量。随着市场成熟，逐步开展碳期货交易机制，开展碳的期货和期权交易等。交易所可以有多个，组织较为分散。

我国采用全国碳排放权交易市场集中统一交易模式，全国碳排放权注册登记机构设在湖北，全国碳交易机构设在上海。其中，全国碳排放权注册登记机构负责记录碳排放配额的持有、变更、清缴、注销等信息，并提供结算服务。全国碳交易机构负责组织开展全国碳排放权集中统一交易。

全国碳排放权交易市场建设初期以碳排放配额为主，以国家核证自愿减排量（CCER）为补充。允许重点排放企业购买 CCER 抵销碳排放配额，但使用比例不得超过其年度配额总量的 5%。

交易主体为重点排放单位以及符合国家有关交易规则的机构和个人。目前全国碳排放权交易市场只有纳入的发电企业开展交易，未来会逐步引入投资机构及个人等主体。

碳排放配额交易通过全国碳交易系统进行，可以采取协议转让、单向竞价或者其他符合规定的方式，协议转让包括挂牌协议交易和大宗协议交易。

（7）履约机制

纳入强制减排范围的重点排放单位需要按规定履行碳排放监测、报告、核查以及履约义务。重点排放企业必须于每年规定日期前提交不少于其上年度确认碳排放量的排放配额。若碳排放量超过该重点排放单位实际被分配的排放许可，则该排放单位需从市场上获取配额，或者使用市场允许的碳信用来对冲实际排放。若没有履约，则面临惩罚，包括罚款、公开信息、不得享受相关优惠政策等。例如，欧盟 EU ETS 机制制定了严格的惩罚措施。排放企业若未完成减排任务不仅要缴纳巨额罚金，下一年度仍应当提交同等数量超额排放的许可。明确的处罚措施提高了欧盟各成员国的执行力，保证了 EU ETS 机制的市场信用及良好运行。

我国全国碳排放权交易市场前两个履约周期（2019－2020 年、2021－2022 年）均为两年一履约。2024 年 8 月，生态环境部调整政策，将 2023、2024 年度履约周期改为一年一履一约，要求企业分别于 2024 年底和 2025 年底完成对应年度清缴，以缓解扎堆交易，并提升市场活跃度。重点排放单位应当在生态环境部规定的时限内，向分配配额的省级生态环境主管部门清缴上年度的碳排放配额，清缴量应当大于或等于其实际排放量。

为降低配额缺口较大的重点排放单位所面临的履约负担，在配额清缴相关工作中设定配额履约缺口上限，其值为重点排放单位经核查排放量的 20%。

如果重点排放单位未按照规定清缴其碳排放配额的，由生态环境主管部门责令改正，处未清缴的碳排放配额清缴时限前 1 个月市场交易平均成交价格 5 倍以上 10 倍以下的罚款；拒不改正的，按照未清缴的碳排放配额等量核减其下一年度碳排放配额，可以责令停产整治。

（8）抵销机制

重点排放单位每年可以使用国家核证自愿减排量抵销碳排放配额的清缴，抵销比例不得超过应清缴碳排放配额的 5%。用于抵销的国家核证自愿减排量，不得来自纳入全国碳交易市场配额管理的减排项目。

63. 全国碳排放权交易市场运作流程

碳市场每个履约周期一般为一年或两年，主要包括以下步骤：①重点排放单位在每年规定的时间节点前向主管部门报告上一年度的排放情况，提交年度排放报告；②核查机构根据主管部门的部署和安排，对排放报告进行核查，并在规定的时间节点前出具核查报告；③主管部门对排放报告和核查报告进行复审，在规定的时间节点前确定企业上一年度的排放量；④政府主管部门向企业发放年度配额；⑤企业管理碳排放配额，在碳市场中开展配额交易；⑥企业向主管部门提交不少于其上年度实际排放量的排放配额，履行配额清缴义务。

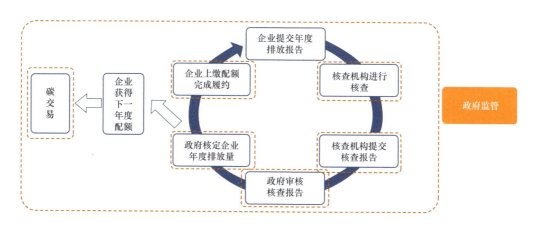

图 2　碳市场运作流程

64. 全国温室气体自愿减排交易市场核心要素

温室气体自愿减排交易是通过市场机制控制和减少温室气体排放，推动实现"双碳"目标的重要制度创新。自愿减排交易市场启动后，各类社会主体可以按照相关规定，自主自愿开发温室气体减排项目，项目减排效果经过科学方法量化核证并申请完成登记后，可在市场出售，以获取相应的减排贡献收益。启动自愿减排交易市场，有利于支持林业碳汇、可再生能源、甲烷减排、节能增效等项目发展，有利于激励更多的行业、企业和社会各界参与温室气体减排行动，对推动经济社会绿色低碳转型、实现高质量发展具有积极意义。

全国温室气体自愿减排交易市场核心要素如下。

（1）项目支持领域

温室气体自愿减排项目包括避免、减少排放类项目和清除（碳汇）类项目。

（2）项目方法学制定与发布

生态环境部负责组织制定并发布温室气体自愿减排项目方法学（简称项目方法学）等技术规范，作为相关领域自愿减排项目审定、实施与减排量核算、核查的依据。项目方法学应当规定适用条件、减排量核算方法、监测方法、项目审定与减排量核查要求等内容，并明确可申请项目减排量登记的时间期限。项目方法学应当根据经济社会发展、产业结构调整、行业发展阶段、应对气候变化政策等因素及时修订，条件成熟时纳入国家标准体系。

（3）项目设计与实施

温室气体自愿减排项目设计与实施的主要步骤包括项目设计、项目公示、项目审定、项目登记、项目实施、监测及减排量核算、减排量公示、减排量核查、减排量登记。

1）项目审定与登记。

申请登记的温室气体自愿减排项目应当有利于降碳增汇，能够避免、减少温室气体排放，或者实现温室气体的清除。

申请登记的温室气体自愿减排项目应当具备下列条件：一是具备真实性、唯一性和额外性；二是属于生态环境部发布的项目方法学支持领域；三是于2012年11月8日之后开工建设；四是符合生态环境部规定的其他条件。

唯一性是指项目未参与其他温室气体减排交易机制，不存在项目重复认定或者减排量重复计算的情形。

额外性是指作为温室气体自愿减排项目实施时，与能够提供同等产品和服务的其他替代方案相比，在内部收益率财务指标等方面不是最佳选择，存在融资、关键技术等方面的障碍，但是作为自愿减排项目实施有助于克服上述障碍，并且相较于相关项目方法学确定的基准线情景，具有额外的减排效果，即项目的温室气体排放量低于基准线排放量，或者温室气体清除量高于基准线清除量。

2）减排量核查与登记。

经注册登记机构登记的温室气体自愿减排项目可以申请项目减排量登记。申请登记的项目减排量应当可测量、可追溯、可核查，并具备下列条件：

一是符合保守性原则；二是符合生态环境部发布的项目方法学支持领域；三是产生于 2020 年 9 月 22 日之后；四是在可申请项目减排量登记的时间期限内；五是符合生态环境部规定的其他条件。

保守性是指在温室气体自愿减排项目减排量核算或者核查过程中，如果缺少有效的技术手段或者技术规范要求，存在一定的不确定性，难以对相关参数、技术路径进行精准判断时，应当采用保守方式进行估计、取值等，确保项目减排量不被过高计算。

项目业主可以分期申请项目减排量登记。每期申请登记的项目减排量的产生时间应当在其申请登记之日前五年以内。

（4）CCER 交易和注销

全国温室气体自愿减排交易采取挂牌协议、大宗协议、单向竞价及其他符合规定的交易方式。从事国家核证自愿减排量交易的交易主体，应当在注册登记系统和交易系统中开设账户。国家核证自愿减排量的交易应当通过交易系统进行。

国家核证自愿减排量按照国家有关规定用于抵销全国碳排放权交易市场和地方碳排放权交易市场碳排放配额清缴、大型活动碳中和、抵销企业温室气体排放等用途的，应当在注册登记系统中予以注销。鼓励参与主体为了公益目的，自愿注销其所持有的国家核证自愿减排量。

十二、碳市场相关主体

全国碳排放权交易市场相关主体包括政府主管部门、重点排放单位、注册登记机构、交易机构、结算机构、第三方核查机构等。全国温室气体自愿减排交易市场主体包括政府主管部门、CCER 项目业主、注册登记机构、交易机构、审定与核查机构等。

65. 全国碳排放权交易市场主体

（1）政府主管部门

全国碳排放权交易市场主管部门为各级生态环境主管部门，建立国家－省－市三级管理体系。生态环境部负责全国碳排放权交易市场建设，确定覆盖的温室气体种类和行业范围，制定碳排放配额总量及分配方案，组织建立全国碳排放权注册登记和交易机构，制定全国碳交易及相关活动的技术规范，加强对地方碳排放配额分配、温室气体排放报告与核查的监督管理，并会同国务院其他有关部门对全国碳交易及相关活动进行监督管理和指导。省级生态环境主管部门负责本行政区域内碳排放配额发放和清缴、温室气体排放报告的核查等相关活动，并进行监督管理。设区的市级生态环境主管部门负责配合省级生态环境主管部门落实相关具体工作。

（2）重点排放单位

重点排放单位是全国碳排放权交易市场最主要的市场主体。温室气体排放单位符合下列条件的，应当列入重点排放单位名录：属于全国碳排放权交易市场覆盖行业❶；年度温室气体排放量达到 2.6 万 tCO₂e。重点排放单位应当控制温室气体排放，如实报告碳排放数据，及时足额清缴碳排放配额，依法公开交易及相关活动信息，并接受设区的市级以上生态环境主管部门的监督管理。

（3）注册登记机构

全国碳排放权交易市场参与主体在注册登记系统中开立登记账户，用于记录全国碳排放权的持有、变更、清缴和注销等信息。碳排放权登记结算（武汉）有限责任公司（简称中碳登）设立于 2021 年，承担全国碳排放权交易市场的产品登记、交易结算等职能。

（4）交易机构

全国碳排放权交易通过全国碳排放权交易系统进行，由全国碳排放权交易机构组织开展碳排放权集中统一交易。目前由上海环境能源交易所承担。

（5）结算机构

全国碳排放权注册登记机构（中碳登）负责全国碳排放权交易的统一结算，管理交易结算资金，防范结算风险。当日交易结束后，注册登记机构应当根据交易系统的成交结果，按照货银对付的原则，以每个交易主体为结算

---

❶ 全国碳排放权交易市场将覆盖发电、石化、化工、建材、钢铁、有色、造纸、航空八大行业。

单位,通过注册登记系统进行碳排放配额与资金的逐笔全额清算和统一交收。

（6）第三方核查机构

省级生态环境主管部门可以通过政府购买服务等方式，委托依法设立的技术服务机构对重点排放单位的年度排放报告进行技术审核。重点排放单位应当配合技术服务机构开展技术审核工作，如实提供有关数据和资料。技术服务机构应当对核查结果的真实性、完整性和准确性负责。

（7）其他市场参与方

相关政策规定全国碳排放权交易市场主体包括重点排放单位以及符合国家交易规则的机构和个人，但目前尚未开放机构和个人注册登记。

66. 全国温室气体自愿减排交易市场主体

（1）政府主管部门

生态环境部按照国家有关规定建设全国温室气体自愿减排交易市场，负责制定全国温室气体自愿减排交易及相关活动的管理要求和技术规范，并对全国温室气体自愿减排交易及相关活动进行监督管理和指导。

省级生态环境主管部门负责对本行政区域内温室气体自愿减排交易及相关活动进行监督管理。

设区的市级生态环境主管部门配合省级生态环境主管部门对本行政区域内温室气体自愿减排交易及相关活动实施监督管理。

市场监管部门❶、生态环境主管部门根据职责分工，对从事温室气体自

---

❶ 主要指国家市场监督管理总局。

愿减排项目审定与减排量核查的机构（简称审定与核查机构）及其审定与核查活动进行监督管理。

（2）CCER 项目业主

项目业主申请项目减排量登记的，应当按照项目方法学等相关技术规范要求编制减排量核算报告，并委托审定与核查机构对减排量进行核查。项目业主可将核证后的减排量在碳市场中出售。重点排放单位每年可以使用 CCER 抵销碳排放配额的清缴，抵销比例不得超过应清缴碳排放配额的 5%。

（3）注册登记机构

注册登记机构负责注册登记系统的运行和管理，通过该系统受理温室气体自愿减排项目和减排量的登记、注销申请，记录温室气体自愿减排项目相关信息和国家核证自愿减排量的登记、持有、变更、注销等信息。注册登记系统记录的信息是判断国家核证自愿减排量归属和状态的最终依据。目前由国家应对气候变化战略研究和国际合作中心担任。

（4）交易机构

交易机构负责交易系统的运行和管理，提供国家核证自愿减排量的集中统一交易与结算服务。目前由北京绿色交易所承担。

（5）审定与核查机构

审定与核查机构纳入认证机构管理，应当按照《中华人民共和国认证认可条例》《认证机构管理办法》等关于认证机构的法规和部门规章，公正、独立和有效地从事审定与核查活动。目前审定与核查机构审批工作尚未完成。

十三、国外碳市场概况

碳市场的起源可以追溯至 1997 年通过的《京都议定书》。近三十年来，为实现减排目标，欧盟、美国、新西兰等多个国家地区建立了成熟的碳市场，积累了丰富的经验。

67. 全球碳市场体系最新组成情况

截至 2024 年 1 月，全球共有 36 个碳市场正在运行。位于 37 个司法管辖区，包括 1 个超国家机构（欧盟成员国+冰岛+列支敦士登+挪威）、13 个国家、26 个省和州以及 5 个城市，目前，碳市场已覆盖全球 17%的温室气体排放，全球将近 1/3 的人口生活在有碳市场的地区，参与碳排放交易的国家和地区的 GDP 占全球总 GDP 的 58%。另外有 14 个碳市场正在建设中，预计将在未来几年内投入运行。

68. 欧盟碳排放交易体系

为实现《京都议定书》的减排承诺，欧盟碳市场（EU ETS）于 2005 年启动，是迄今为止世界范围内覆盖国家最多、横跨行业最多的温室气体排放交易体系，促进了经济发展模式从化石能源经济向低碳经济的转变，在世界范围内具有典范意义。2023 年 4 月，欧盟正式通过了"Fit for 55"一揽子计划，其中包括了对欧盟碳市场和碳边境调整机制（CBAM）的改革计划。此次改革对欧盟碳市场整体改革目标、免费配额分配、市场稳定储备机制（Market Stability Reserve，MSR）、覆盖范围、碳市场拍卖收入等进行了大幅修改。

阶段：欧盟碳市场在建立初期就确定了长期的减排目标，并按照四个阶段逐步推进，第一阶段：3 年（2005－2007 年）；第二阶段：5 年（2008－2012 年）；第三阶段：8 年（2013－2020 年）；第四阶段：10 年（2021－2030 年）。

减排目标：欧盟整体减排目标：2030 年比 1990 年的排放水平至少降低 55%，到 2050 年实现碳中和。根据最新改革方案，欧盟碳市场目标是到 2030 年在 2005 年的基础上减排 62%（改革前目标是 43%），2024－2027 年期间每年减少 4.3%，2028－2030 年期间每年减少 4.4%。

覆盖范围：欧盟碳市场覆盖了欧盟 38%的排放[❶]。覆盖气体包括二氧化碳、一氧化二氮和全氟化碳，不包含间接排放。二氧化碳排放主要覆盖部门包括电力和热力部门，能源密集型工业部门（包括炼油厂、钢铁厂，以及铁、铝、金属、水泥、石灰、玻璃、陶瓷、纸浆、纸张、纸板、酸和散装有机化学品的生产），航空及海上运输活动[❷]；一氧化二氮排放主要覆盖部门包括来自硝酸、己二酸和乙醛酸以及乙二醛的生产；全氟化碳排放主要覆盖部门包括铝的生产。根据最新改革方案，到 2026 年底，欧盟将评估是否将城市垃

---

❶ 2021 年数据。
❷ 航空及海上运输活动自 2024 年 1 月 1 日纳入 EU ETS。

圾焚烧纳入碳市场。2027 年将启动单独的排放交易系统（ETS 2），纳入建筑、道路交通和其他部门。

配额总量： 2023 年，欧盟碳市场配额上限 1486 $MtCO_2e$。

配额分配： 采用拍卖加免费的形式分配配额。电力行业配额全部通过拍卖获得。工业中有碳泄漏风险的免费分配，分配方法为行业基准法，基准由（子）行业内 10%最高效装置的平均排放强度决定。航空业 15%的配额通过拍卖获得。2022 年实际免费发放的配额共计 529.2$MtCO_2e$[1]，占比 34%。根据最新改革方案，减少免费配额的计划直接配合 CBAM 分阶段实施。

图 3　EU ETS 免费配额取消比例和 CBAM 逐步实施比例

抵销机制： 自 2020 年起，欧盟碳市场（EU ETS）正式终止了抵销机制，明确规定《京都议定书》框架下的清洁发展机制（CDM）和联合履行机制（JI）产生的碳信用不再具备合规抵销资格。这一政策调整旨在强化本土减排力度，避免外部碳信用冲击欧盟碳市场的价格体系，并推动企业聚焦于实质

---

❶　数据来源于德国 statista 数据库。

性减排而非依赖抵销机制。

交易机制：分为拍卖和二级市场两个层级，控排主体和非控排主体均可参与。欧洲能源交易所 EEX 每天组织统一价格拍卖。现货、期货、期权和远期合约在二级市场❶上交易，既有交易所交易，也有场外交易。除了 EEX，期货交易还包括 ICE 和 Nazdaq。

价格稳定机制：欧盟委员会于 2015 年提出建立市场稳定储备机制（MSR），即当碳市场中流通的配额量超过 8.33 亿 t 时，则在拍卖时将相当于当前配额量的 12%（最新改革方案修正为 24%）放进储备；当配额量低于 4 亿 t 时，则从储备中调出 1 亿 t 投放市场。

价格和收入：2022 年平均拍卖价格为 78.91 欧元（83.10 美元）；2022 年二级市场平均价格为 80.82 欧元（85.11 美元）；自开市以来的总收入为 1395 亿欧元（1584 亿美元）；2022 年总收入为 388 亿欧元（408 亿美元）。2021 年欧盟建立创新基金和现代化基金，管理欧盟碳市场拍卖收入。创新基金支持创新低碳技术和工业解决方案的商业示范，以使欧洲的能源密集型产业去碳化，并支持可再生能源、能源储存以及碳捕集、利用与封存的发展。现代化基金支持对欧盟 10 个低收入成员国❷的投资，旨在实现能源系统的现代化，提高能源效率，并支持向气候中立过渡，解决成员国起点不同的问题。根据最新改革方案，ETS 2 的收入将由社会气候基金管理，减轻民众由于能

---

❶ 指令 2014/65/EU 将欧盟 ETS 排放配额归类为金融工具。因此，相关衍生品可以在二级市场交易。
❷ 保加利亚、克罗地亚、捷克、爱沙尼亚、匈牙利、拉脱维亚、立陶宛、波兰、罗马尼亚和斯洛伐克。

源价格和碳价格增加的负担，尤其是供暖和交通方面。

69. 美国加州碳排放交易体系

自 2007 年以来，美国加利福尼亚州一直是西部气候倡议❶（Western Climate Initiative，WCI）的一部分，加州碳市场于 2012 年启动，并于 2014 年 1 月与魁北克省碳市场正式链接，为跨国区域碳市场链接提供了宝贵经验。

阶段：加州碳交易机制分为四个实施阶段。第一阶段为期两年，即 2013－2014 年；第二、第三、第四阶段均为期三年，分别为 2015－2017 年、2018－2020 年和 2021－2023 年。

减排目标：加州整体减排目标：2030 年比 1990 年排放水平减少 40%；2045 年实现碳中和。加州碳市场目标是在 2021－2030 年，配额上限每年平均下降 4%，2030 年上限降到 200.5MtCO₂e。

覆盖范围：加州碳市场覆盖了加州 75%❷的温室气体排放，所覆盖的气体除包括《京都议定书》所规定的二氧化碳、甲烷、氧化亚氮、氢氟碳化物、全氟碳化物及六氟化硫 6 种温室气体外，还包括三氟化氮和其他氟化物。纳入的行业包括年排放量超过 2.5 万 tCO₂e 的大型工业设施（包括水泥、热电联产、玻璃、制氢、钢铁、石灰、制硝酸、石油和天然气、炼油、造纸、自用发电、固定燃料设施）、发电设施和电力进口商。

---

❶ 西部气候倡议成立于 2007 年，是美国 7 个州和加拿大 4 个省制定的一份长期承诺，目标是到 2020 年该地区的温室气体水平比 2005 年的水平降低 15%。

❷ 2021 年数据。

配额总量： 2023 年加州碳市场配额上限为 294.1MtCO$_2$e。

配额分配： 采用拍卖加免费的形式分配配额。有碳泄漏风险的工业企业可以获得免费配额，泄漏风险根据每个特定工业部门的排放强度和贸易暴露程度❶分为低、中和高风险等级。工业设施的免费配额通过两种方式计算得出，分别是基于总产量和能源消费量所设置的排放基准。其中，造纸、石油提炼和钢铁行业使用总产量排放基准，其他行业使用能源消费量排放基准来计算。2020 年，加州将免费配额比例调整至 42%。

抵销机制： 允许控排企业使用碳信用抵销排放。产生碳信用的项目必须位于美国领土内且必须从森林、城市森林、牧场沼气、减少破坏臭氧层物质、采矿甲烷气捕获和水稻种植这 6 个领域产生。2021－2025 年可抵销 4%的排放，2026－2030 年增至每年 6%。另外，要求加州本土的抵销项目必须超过一半。

交易机制： 分为拍卖和二级市场两个层级，拍卖由 WCI 公司管理，进行季度拍卖。配额、用于抵销的碳信用和金融衍生品在洲际交易所（ICE）、CME 集团和 Nodal 交易所平台组织的二级市场上交易。任何有资格进入这些平台的公司都可以直接或通过中间商进行交易。

价格稳定机制： 加州碳市场设置了"拍卖底价+配额价格控制储备机制"（Allowance Price Containment Reserve，APCR）来稳定市场价格。2023 年加州碳市场拍卖底价为 22.21 美元/tCO$_2$e。设置配额价格控制储备库，当市场价格触发上限，储备库将放出一定量配额到市场，促使价格回落。2023 年 3 次

---

❶ 指某一国家或地区因参与国际贸易而面临碳泄漏风险的水平。

拍卖的价格上限分别被设定为 51.92、66.71、81.50 美元。

价格和收入： 2022 年平均拍卖价格为 28.08 美元；自开市以来的总收入为 222.5 亿美元；2022 年总收入为 40.3 亿美元。加州碳市场的大部分拍卖所得进入温室气体减排基金，用于支持在全州范围内带来重大环境、经济和公共健康效益的项目，其中至少 35% 必须惠及弱势群体和低收入群体。截至 2022 年 5 月，已有 114 亿美元投资于超过 56 万个项目，预计减排 79MtCO_2e，弱势和低收入社区获得了超过 54 亿美元的援助。

70. 新西兰碳交易市场

新西兰碳市场（NZ ETS）于 2008 年启动，是大洋洲唯一正在运行的碳市场，覆盖了全国温室气体排放总量的一半左右，是该国减缓气候变化的核心政策。以农业为主的产业结构使得新西兰碳市场在市场主体和配额分配上与其他碳市场有较大的不同。新西兰碳市场在 2021 年前不设置配额总量限制，这也是新西兰碳市场的一大特点。2020 年新西兰通过应对气候变化修正法案，提出 2021 年开始实施碳配额总量控制。为适应新的国家减排目标，新西兰政府在 2022 年 12 月更新了新西兰碳市场 2023－2027 年的年度配额上限计划，比以前更加严格。

阶段： 新西兰碳市场政策规划分为短期（2008－2012 年）、中期（2013－2020 年）、长期（2021－2050 年）三个阶段。

减排目标： 新西兰国家减排目标（NDC）：2030 年较 2005 年减少 30%，到 2050 年实现碳中和。

表 4　　　　　新西兰碳市场 2023－2027 年的年度配额上限目标

年度	可拍卖的配额（Mt）		配额总上限（Mt）	
	之前的	更新	之前的	更新
2023	25.6	25.9	34.5	32.3
2024	25	24.8	32.9	31.1
2025	23.3	22.5	29.6	28.8
2026	21.7	20	27.9	26.2
2027	未设置	17.6	未设置	23.7

覆盖范围：覆盖气体包括二氧化碳、甲烷、一氧化二氮、六氟化硫、氢氟碳化合物和全氟化碳。以农林业为主的产业结构导致新西兰碳市场覆盖行业思路与其他碳市场完全不同。按照"谁排放、谁付费，谁吸收、谁受益"的原则，将市场分为两类：一是林业等"负排放"行业，可以直接获取配额受益而无须履约；二是电力、工业等"有排放"行业，部分行业可获得一定免费配额，但是不足部分需要购买。总体来看，新西兰碳市场覆盖行业最广，包含了电力、工业、建筑、交通、国内航空、废物处理、林业及农业在内的8 个行业。NZ ETS 是目前唯一覆盖林业部门的碳市场。

配额总量：2023 年新西兰碳市场配额上限为 32.3MtCO₂e。

配额分配：采用拍卖加免费的形式分配配额。林业等"负排放"行业可直接获取免费配额而无须履约，2022 年度森林碳汇发放了 790 万 t 配额。目前，被视为排放密集型和贸易密集型的工业活动（Emissions Intensive and Trade-Exposed，EITE）在新西兰碳市场可获得免费分配。高度排放密集型的行业获得 90% 的免费配额，中度排放密集型行业获得 60% 的配额。配额计算方法为基准法。2023 年，免费配额比例约为 19.8%。

抵销机制： 2015 年 6 月前，《京都议定书》相关碳信用可以不受限制地在 NZ ETS 中使用。2015 年 6 月后，任何碳信用都不得在 NZ ETS 中抵销配额。

交易机制： 分为拍卖和二级市场两个层级，控排主体和非控排主体均可参与。拍卖由新西兰交易所（NZX）和欧洲能源交易所（EEX）联合运营，每年举行 4 次。任何新西兰 ETS 注册账户持有人都可以参与拍卖。大多数配额在二级市场交易。交易可以在公司之间直接进行，也可以通过交易平台进行，比如 NZX。交易可以在现货基础上进行，也可以通过远期合约进行。

价格稳定机制： 新西兰碳市场设置了拍卖底价+成本控制储备机制（Cost Containment Reserve，CCR）来稳定市场价格。2023 年的碳市场拍卖底价为 33.06 新西兰元/tCO_2e，到 2027 年将升至 44.35 新西兰元/tCO_2e。如果在拍卖中达到了预定的触发价格，来自 CCR 的相应数量的配额将被额外释放用于销售。2023 年拍卖的 CCR 触发价格为 80.64 新西兰元/tCO_2e，2027 年提高到 129.97 新西兰元/tCO_2e。2022 年，CCR 的数量设定为 700 万个配额。在 CCR 被触发后，这些配额在 2022 年 3 月和 6 月的第一次和第二次季度拍卖中被释放到市场上并出售。目前，2023 年该储备的年数量定为 800 万 t 配额，2027 年每年下降到 590 万 t。

价格和收入： 2022 年平均拍卖价格为 75.88 新西兰元/tCO_2e；二级市场平均价格为 78.97 新西兰元/tCO_2e；2022 年总收入为 20 亿新西兰元；自开市以来的总收入为 51 亿新西兰元。2022 年 5 月，新西兰新成立基金会 CERF，用于管理碳市场收入。该基金将用于支持减排项目和适应气候变化活动等。

十四、我国碳市场概况

从 2011 年碳交易试点建设起步，我国碳市场发展至今已有十余年的历史。目前已形成全国与地方并行的市场格局。全国碳排放权交易市场已完成两个履约周期，运行总体平稳，价格水平符合预期，推动企业低成本减排作用初步显现。全国温室气体自愿减排交易市场在建设过程中，已公布 6 个方法学。

71. 全国碳排放权交易市场建设总体情况

2011 年 10 月，我国在北京、天津、上海、重庆、湖北、广东、深圳两省五市，启动了碳排放权交易试点工作，各试点碳市场于 2013－2014 年陆续开市。2016 年 9 月，福建省开展碳排放权交易试点工作，并于同年 12 月开市。自此，我国试点碳市场格局形成并延续到现在。2017 年，国家发展改革委印发《全国碳排放权交易市场建设方案（发电行业）》，标志着全国碳排放权交易市场建设工作正式启动。2018 年 4 月，全国碳排放权交易市场主管部门从国家发展改革委改为生态环境部。2020 年 12 月，《2019－2020 年全国碳排放权交易配额总量设定与分配实施方案（发电行业）》和《纳入 2019－2020 年全国碳排放权交易配额管理的重点排放单位名单》印发，明确了全国碳排放权交易市场管理办法、配额分配方案、纳入重点企业等内容。2021 年《碳排放权交易管理办法（试行）》正式实施，同年 7 月 16 日，全国碳排放权交易市场正式启动上线交易。2024 年 1 月 22 日，我国温室气体自愿减排市场正式重启。2024 年 2 月 4 日，《碳排放权交易管理暂行条例》（国务院令第 775 号）正式发布，我国碳交易政策体系基本完善。截至 2023 年 12 月 31 日，全国碳排放权交易市场累计成交量 4.42 亿 t，累计成交额 249.19 亿元。未来全国碳排放权交易市场的顺利运行，将对实现 2030 年前尽早达峰、2060 年前碳中和目标，发挥积极的促进作用。

图 4　我国碳市场建设历程

72. 全国碳排放权交易市场特点

我国碳市场基于国情设计，目前总量目标基于强度目标设定，而不是绝对总量目标；碳排放除了直接排放，还涵盖了使用电力、热力等所产生的间接排放。

国网能源院认为：与欧盟等国外碳市场相比，我国碳市场具有以下特点。

第一，总量目标基于碳排放强度（行业基准值）设定。考虑我国经济社会和用能需求持续增长的实际情况，采用了基于碳排放强度的总量，主要根据行业基准值和实际产出确定，而不是设定固定的总量。而欧盟等碳市场在成立之初就设定绝对总量目标，并明确年均下降速率。

第二，碳排放涵盖直接和间接两部分。我国碳市场不仅涵盖化石燃料燃烧等产生的直接排放，还涵盖使用电力、热力等产生的间接排放，而国外碳市场主要涵盖直接排放。

第三，碳市场金融化程度低。我国目前仅开展配额现货交易，而欧盟碳市场开市初期就同时开展碳配额现货和碳期货、碳期权等衍生品交易，也允许金融机构和个人参与市场。

第四，煤电转型与国外存在较大差异。欧美等发达国家电力需求增长平缓，50%以上煤电机组服役时间超过 30 年，在减碳要求下自然退役。而我国电力需求仍在增长，电力行业还要承接交通、建筑、工业等部门电气化带来的减排任务，需要煤电在保障电力可靠供应和提供系统灵活性等方面继续发挥作用。此外，我国煤电机组平均服役年限 12 年，大规模提前退役将带来巨大的搁浅成本。我国碳市场建设需要针对以上情况作特殊考虑和专门设计。

73. 全国碳排放权交易市场现状及趋势分析

从履约情况看，全国碳排放权交易市场首个履约周期❶为 2021 年 1 月 1

---

❶ 控排企业在规定的时间内，按照实际排放量清缴相应数量的配额，即完成履约。用于履约的配额在当年注销，剩余的配额可交易也可结转下一履约周期使用。

日至 12 月 31 日，纳入发电企业 2162 家，交易标的为 2019 年、2020 年配额，年覆盖温室气体排放量约 45 亿 t，履约率[1]达 99.5%。全国碳排放权交易市场第二个履约周期为 2022 年 1 月 1 日至 2023 年 12 月 31 日，纳入发电企业 2257 家，年覆盖二氧化碳排放量超过 50 亿 t，履约完成率超过 99%。累计成交量 2.63 亿 t，累计成交额 172.58 亿元，平均价格 65.62 元/t。截至 2023 年 12 月 31 日，全国碳排放权交易市场累计成交量 4.42 亿 t，累计成交额 249.19 亿元。从运行效果看，碳市场对火电企业经营成本影响较小，但在促进企业节能降碳、强化碳管理方面成效初显。

与欧盟等起步较早的碳市场相比，我国碳市场存在市场活跃度较低、核算体系不健全、市场主体与交易品种单一、价格机制不完善等阶段性问题，还需进一步建设完善。

国网能源院认为： 我国碳市场未来发展将呈现以下趋势。

趋势一：覆盖范围从单一行业逐步扩大，最终覆盖 70% 以上排放。八大行业将全部纳入全国碳排放权交易市场，综合考虑减排潜力、数据基础、产业政策及欧盟碳关税影响等，建材（水泥）、有色（电解铝）、钢铁将较先纳入。

趋势二：总量控制逐步由相对量转为绝对量。2030 年前以基于强度的相对总量目标为主。考虑 2030 年前实现碳达峰，且尽量以较低峰值达峰，建议全国碳排放权交易市场在"十五五"时期形成较成熟的总量设定方式，争取在 2030 年左右全面实施绝对量的年度配额总量管理，确定年度下降速率，释

---

[1] 履约率=已完成清缴的配额量/实际排放总量。

放更强有力的长期减排信号。

趋势三：配额分配在免费基础上逐步引入有偿拍卖。全国碳排放权交易市场建设初期以免费分配为主；未来可选择特定行业（如钢铁、电力等），尝试一定比例的拍卖模式。按照国际经验，初期拍卖比例约为3%～5%；市场发展完善后，拍卖比例将逐步提高，达到20%以上。

趋势四：在配额现货交易基础上逐步发展碳金融。市场交易标的以配额为主、国家核证自愿减排量（CCER）为补充，逐步探索碳期货、碳期权等碳金融产品。交易主体方面引入机构投资者和个人，进一步增强市场流动性。

十五、碳市场与电力市场协同运作

电力行业是我国推进碳减排的主力军。实现"双碳"目标，要坚持政府和市场两手发力，充分发挥市场机制作用。我国电力市场化改革与碳市场的建设都处在逐步推进、逐渐完善的阶段，与国外成熟市场联通顺畅不同，两个市场在政策体系、建设进程、发展空间、价格机制等方面存在诸多需要协调和衔接的问题。因此，要建立两个市场的协同发展机制，在推动能源电力平稳低碳转型、落实"双碳"目标方面形成合力。

74. 碳市场与电力市场的异同点

一是我国碳市场与电力市场总体建设思路基本吻合，都是全国统一市场。统一市场能够为各类商品和生产要素自由流动与优化配置创造条件，使经济保持活力和效率。市场涵盖区域范围越大，市场主体和交易量越多，市场流动性越好，市场效率越高，就越能发挥市场发现价格和配置资源的重要作用。建设全国统一的碳市场，利用不同地区、不同行业、不同企业之间减排成本差异，促进碳排放配额在全国范围内的流动，力争以最低成本高效完成预定的减排目标。同样，构建全国统一电力市场，将会使得更多的市场主体参与电力交易，增加市场的竞争度，利用市场机制提高电力工业生产和资源配置效率。从国际上看，建立大范围配置资源的电力市场也是市场发展的趋势。

二是全国碳排放权交易市场和全国电力市场都强调顶层设计，以统一规则为基础。全国碳排放权交易市场和全国电力市场建设均以统一设计为前提，按照市场总体规划框架推进。加强全国碳排放权交易市场顶层设计，设定全国碳排放权交易市场碳排放总量控制目标，统一碳排放配额分配制度，统一碳交易规则和监管机制，统一监测、报告、核查、履约制度等，形成统一的市场，使碳排放配额在更大范围内流动，利用市场机制最大限度优化资源配置，以低成本实现控排目标。建设全国统一电力市场，统一模式设计，统一交易规则，统一平台运营，构建全国统一、相互衔接、协调运作的交易组织体系、价格体系和运作机制，提高全国大市场的运营效率和效益。

三是电力市场与碳市场发展空间趋势截然相反。从发展空间来看，对于碳市场，要实现既定的减排目标，碳市场空间要求是逐渐收缩的；对于电力行业，要满足日益增长的电力需求，发展空间是逐渐扩张的。从国情来看，未来一定时期内，电力需求仍将持续增长，并推动电力市场发展空间持续扩大。对于电力行业，要统筹考虑电力发展与减排的关系，通过适度约束促进电力低碳发展，保障电力供应，提高市场活跃性。

75. 碳市场与电力市场的关系

从国际经验来看，电力市场与碳市场是相互独立的两个市场，通过共同的市场主体火电企业相连。国外电力市场与碳市场建设相对成熟，协同顺畅，碳价可通过电价有效传导，不存在协调问题。碳市场与电力市场关系如下：

一是两个市场相对独立。电力市场与碳市场形成根源不同，市场运作相对独立。两者有各自的政策、管理和交易等体系，管理运作、交易流程等截然不同。电力市场属于需求驱动性市场，交易标的主要是电能量，实时运行要物理交割，开展年度、月度、日前、实时等周期的连续交易。碳市场属于政策驱动性市场，交易标的主要是碳配额以及衍生品，具有金融属性，可不连续交易。从运营管理来看，两者分属不同的交易品种，完全可以在两个独立交易系统或平台上开展交易。但需要注意的是，两者也可以在同一个交易系统或平台上开展交易，如伦敦洲际交易所、欧洲能源交易所，既可以开展碳配额交易，也可以开展电力期货交易。

二是有共同的市场主体。火电企业同时参与碳市场与电力市场，两个市场通过共同的市场主体相连。火电企业是两个市场的重要主体，在碳市场中占据主要份额，通过其发电行为和交易决策将两个市场关联起来。火电企业综合考虑两个市场的供需及价格走势、自身的碳排放水平和配额分配情况等，在两个市场中做出最优决策。火电企业碳排放配额分配数量和方式，将影响其发电行为。

三是通过价格相连。电力市场化条件下，碳价能够向电价传导，同时电价也会反向影响碳价。一方面，碳价会增加火电企业成本，体现到电力市场报价中，改变出清结果，进而影响交易价格；另一方面，电力市场供需情况和价格变化会影响火电发电量，电量增减影响碳配额购买需求，进而影响碳价水平。

四是共同促进可再生能源发展。电力市场与碳市场在减排目标上具有一致性，从不同方面体现环境价值属性，共同推动能源电力向低碳转型。电力市场通过可再生能源配额制、绿证等政策机制体现可再生能源的环境价值属性，利用市场机制促进可再生能源消纳利用。碳市场将碳排放转化为控排企业内部经营成本，导致火电度电成本增加，进而提高可再生能源竞争优势。

与国外不同，我国火电仍占较大比例，且电力市场仍处于计划和市场并存阶段，因此我国电力市场与碳市场相互影响程度较高，联系非常紧密。原因如下：

一是我国电力市场和碳市场都仍处于建立完善中，且电力市场处于计划向市场转型期，碳价和电价短时期内难以有效传导，两个市场的建设需要统筹考虑相互影响和制约因素。

二是目前我国火电发电量仍占 60%以上，碳市场目前仅纳入火电企业。火电在碳市场和电力市场中比重都很大，其运营情况对两个市场将产生重要影响。

三是我国碳市场还覆盖因使用电力所产生的间接碳排放，用电量和用电结构对碳排放量核算结果产生直接影响，因此电-碳市场耦合度更高。

76. 碳市场与电力市场协同机制

我国电力市场与碳市场相互关联、相互影响。我国电力市场依旧存在"计划+市场"双轨制的价格特点，碳成本难以疏导，面临一些不协调、不衔接的问题。未来两个市场建设过程中要加强协同，尤其在市场空间、价格机制、市场政策方面加强协同，在绿色认证、数据方面加强联通。

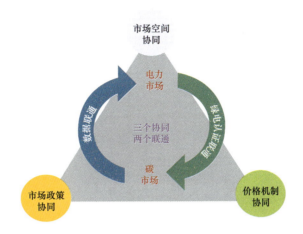

图 5 电-碳市场三个协同、两个联通

（1）市场空间协同机制

电力行业发展空间随着国民经济发展仍在上升，碳排放总量空间过紧等因素可能影响电力发展和电力安全供应。随着疫情后的经济复苏，以及"新基建"、电能替代等的大力推进，我国用电需求将持续增加。在新型电力系统转型过程中，火电还将对系统安全起重要的保障作用，火电需逐步转型，平稳退出。

国网能源院认为可在以下方面加强协同：

一是碳配额分配空间及行业基准线制定要有利于电力行业发展。未来我国电力需求还将长期上升，如对电力行业排放实施绝对总量控制，可能影响经济发展和人民生活需求。

二是碳市场配额分配应对应急保障电源作特殊考虑。对于承担应急保障作用及影响电力系统安全稳定的火电机组，需要给予特殊考虑。

（2）价格机制协同机制

我国电力市场正处于计划与市场转型期，计划部分碳成本不能传导至用户侧，需要建立联动机制。我国电价机制正在由政府定价向市场竞争定价过渡。目前，仍有部分用户电价主要由政府价格主管部门制定。

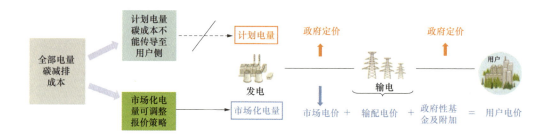

图6　我国电-碳市场价格传导问题

国网能源院认为可在以下方面加强协同：

一是优化电-碳市场利益分配格局，在不同利益主体之间实现共赢。 碳价计入火电成本，新能源发电低价优势得以提升。在自愿减排抵销机制和绿色电力证书交易机制等政策支持下，新能源企业可能获得更多收益，可用于支付电力市场中调峰、爬坡、惯量等辅助服务成本。而火电企业通过为新能源提供辅助服务获得收入，可用于弥补其碳排放成本。通过电-碳市场联动，既促进新能源消纳，又引导火电向灵活调节资源转变，形成良性循环。未来，随着用户侧纳入碳市场、辅助服务费用逐步向终端传导、辅助服务市场价格补偿机制完善，电-碳市场系统成本将进一步优化，促进电-碳市场协调发展。

二是建立碳成本纳入发用两侧管制电价机制，由优发火电机组和非市场

化用户共同分摊。火电企业的市场化交易电量部分，碳成本通过市场竞价传导到市场化用户；但对于不参与市场的优发电量部分，需要单独设计碳价传导机制。综合考虑碳价水平、发用两侧对碳价的承受能力等要素，由政府主管部门设定固定碳价或参考碳市场年均价格，折算到发电侧基准电价和非市场化用户销售电价中。

三是建立碳成本传导的配套补偿机制。国外在终端消费电价涵盖一定比例的碳成本的同时，建立了相应的配套补偿机制，政府通过将配额拍卖收入用于补贴用户或资助减排项目，或征收碳税的方式，避免碳成本过度推升电价影响终端用户。建议我国在逐步建立碳价和电价传导机制的同时，也适当建立税收减免、资金技术支持等配套补偿机制。

（3）市场政策协同机制

我国电力市场与碳市场相对独立运行，分别由不同的政府主管部门负责建设，两个市场有不同的管理体系、交易平台，同时两个市场都在建设完善之中，存在进程不同步、机制不衔接等问题，需要进一步加强电力市场与碳市场协同发展，在推动能源电力低碳转型和实现"双碳"目标等方面形成合力。

国网能源院认为可在以下方面加强协同：

一是在目标任务、建设时序、引导市场主体行为改变等方面加强电、碳两个市场统筹协调。电力市场与碳市场的协同发展，必须放在"双碳"目标、能源转型总体框架下考虑，形成目标清晰、路径明确的顶层设计和发展时间表、路线图。两个市场在推动煤电结构优化、功能转换以及促进低碳投资等方面要形成合力。

二是加强碳市场政策和可再生能源发展机制（配额+绿证交易）协调。 政策目标要协调,各省火电碳配额总量与可再生能源配额总量目标要相匹配,可合理执行。政策边界要清晰,可再生能源超额消纳量、绿证交易和 CCER 交易之间有交叠重复,要避免重复激励和考核。

（4）绿色认证联通机制

绿色电力交易、绿证交易和碳市场是利用市场机制控制和减少温室气体排放、推进绿色低碳发展的重要市场机制。我国碳市场将间接排放纳入考核范围,需建立绿色电力市场与碳市场衔接机制,在绿色认证方面加强联通。在核算企业碳排放时,体现企业使用绿色电力的碳减排价值,有利于绿色电力市场的进一步发展。

国网能源院认为可在以下方面加强联通：

一是探索绿证作为用户侧间接碳排放核算的凭证。 随着钢铁等高耗能企业进入碳市场,如果用户购买绿色电力,在其用电量碳排放核算中,可以绿证为凭证,扣除绿色电力部分的用电碳排放。

二是探索 CCER 和绿证两种体系的信息联通。 绿证和 CCER 交易是两个并行运行的市场,可再生能源项目可能同时申请 CCER 和绿证,需加强两个系统的信息流互通,避免减排效益的重复计算。

（5）数据联通机制

全国统一碳市场启动后,电力行业真实准确的数据对碳市场发展的重要支撑作用正日益显现。目前电力市场与碳市场独立运行,数据基本隔离,影响两个市场的有效衔接。

国网能源院认为可在以下方面加强联通：

一是联通两个市场的交易数据。利用电力交易数据支撑碳排放监测、核算等工作。近期，电力市场主体可参考碳市场价格开展电力交易预测。未来，在碳排放总量控制下，两个市场的交易量数据需要联通，利于两个市场总量规模相互匹配。

二是联通两个市场的信用体系。两个市场共同主体的信用信息可以联通，如碳市场履约情况可作为电力市场主体信用的评价项。

三是联通两个市场的市场力监控信息。电力市场和碳市场中具备市场力的主体一般具有一致性，两个市场的市场力情况可相互作为参考。

附录 1 国外电力市场具体情况

1. 英国电力市场

（1）建设历程

改革以来，英国电力市场建设主要经历了电力库市场（POOL）、NETA（New Electricity Trading Arrangements）、BETTA（British Electricity Trading and Transmission Arrangements）和以低碳为核心的新改革 4 个阶段。

1989 年，英国议会通过了《1989 年电力法》，对原中央发电局资产实施厂网分开和私有化重组，同时建立了单边竞争的电力库市场（POOL）。

2001 年，英国对英格兰和威尔士地区电力市场进行了彻底改革，以双边合同为主的 NETA 模式取代了 POOL 模式。2005 年 4 月开始，英国政府决定将 NETA 模式推广到苏格兰地区乃至全国，称为 BETTA 计划。

2011 年 7 月，英国能源部正式发布了《电力市场化改革白皮书（2011）》，开始酝酿以促进低碳电力发展为核心的新一轮电力市场化改革。主要内容包括针对低碳电源引入固定电价和差价合同相结合的机制、对新建机组建立碳排放性能标准、构建容量机制等。

（2）行业结构

英国在改革初期对电力行业结构进行了破碎式结构拆分。根据《1989 年电力法》，在英格兰和威尔士，原中央发电局拆分为 3 个发电公司和 1 个输电公司，3 个发电公司分别是国家电力公司、电能公司和核电公司，1 个输电公司是英国国家电网公司。然后逐步私有化和上市，经过数十年的不断并购、重组，改革初期进行破碎式结构拆分的电力行业结构重新出现了一体化并购趋势。6 家发售（或发配售、发输配售）一体化电力集团（称为六大电力集团）在电力市场中占据主导地位，其在电力市场中营业额占比达 80%以上。在输电网层面，共有英国国家电网公司、苏格兰电力公司、苏格兰水电公司 3 家输电企业，输电网统一由英国国家电网公司的独立子公司（National Grid ESO）进行调度。2024 年 10 月，英国政府从英国国家电网公司收购 ESO，成立国有的国家能源调度中心（NESO），负责电力和天然气能源网络规划以及电力调度运行；原隶属于 ESO 的子公司市场结算公司（ELEXON）从 ESO 分离作为独立公司继续负责平衡结算工作。

（3）市场模式

英国电力市场采用一种以市场成员分散决策、分散平衡为主的市场决策方式，属于典型的分散式电力市场模式。英国电能量交易以场外双边交易（OTC）为主，交易所内交易、平衡机制为辅。双边交易合同是电网调度的重要依据，是需要执行的物理合同，平衡机制电量占比很小。

场外双边交易（OTC）：由交易双方通过自由谈判签订的交易，该交易类型在我国电力市场中类似于中长期交易。

交易所内交易：电能量交易主要是通过 EPEX SPOT、N2EX 等电力交易机构进行交易，以短期电力交易为主，主要提供几个月到半小时前的电力交易。该交易类型类似于我国电力市场中的现货交易以及部分交易周期较短的中长期交易。

平衡机制：由 NESO 负责运行，目的是保证电力系统的实时平衡，用市场化手段解决合同电量和实际电量之间的偏差电量。该交易类型类似于我国电力市场中调度机构所提供的各类辅助服务。当系统中出现供需偏差时，调度机构根据市场成员申报的增减出力报价（Bid/Offer）、系统不平衡功率和阻塞情况，以购电费用最小为目标，调整市场成员的发用电计划，维持系统平衡。对于合同电量与实际用电量的偏差，需要进行不平衡电量的结算。不平衡电量的结算带有惩罚性质，这迫使发电商和售电商努力保证合同电量与其实际发用电水平相当，这也使得平衡机制下实际交易电量非常少。

除上述交易类型外，英国电力市场中还包含面向低碳能源的差价合同交易和容量市场交易等类型。

（4）基本运作流程

英国电力市场的典型交易流程如下：

竞价日 09:00，调度机构公布全网及分区负荷预测。

竞价日 09:30，市场主体向电力交易机构提交运行日 24 时段售电报价和购电报价。

竞价日 10:00，电力交易机构完成运行日 24 时段出清计算并公布交易结果。

竞价日 10:50，市场主体向电力交易机构提交运行日 24 时段售电报价和购电报价。

竞价日 11:00，调度机构开始根据市场成员提交的初始出力曲线（Initial Physical Notification，IPN），进行运行日系统平衡裕度分析和电网安全分析。

竞价日 11:50，电力交易机构完成运行日 24 时段出清计算并公布交易结果。

竞价日 16:00，调度机构根据最新的交易信息，发布系统平衡裕度和运行日发电计划。

运行日（T–1）h 前，

1）市场主体可随时签订双边合同；

2）电力交易机构可开展时块、基荷、峰荷、非峰荷等类型的滚动交易。

运行日（T–1）h，

1）发电机组向调度机构申报 T 时段的最终出力曲线（Final Physical Notification，FPN）以及在 FPN 基础上进行上调和下调服务报价（Bid/Offer），零售商向系统运行机构申报用电需求预测；

2）发电机组和零售商向负责不平衡结算的 ELEXON 申报 T 时段最终合同位置（ECVN），市场主体和电力交易机构向 ELEXON 申报双边合同信息；

3）调度机构将平衡市场中调用的上调和下调服务电量报送给 ELEXON。

运行日 T 时段，ELEXON 计算不平衡电量，完成不平衡电费结算。

2. 美国电力市场

美国是最早进行电力市场化改革的国家之一，但未在全国范围内实现完全电力市场化。1996 年，联邦能源管制委员会（FERC）颁布 888 号和 889

号法案，开始放松电力管制。加利福尼亚州等 29 个州和哥伦比亚特区实施了电力市场化改革，建立了七个有组织的区域竞争电力市场，包括新英格兰（ISO-NE）、纽约（NYISO）、PJM、西南部（SPP）、得州（ERCOT）、加州（CAISO）和中西部（MISO），并成立独立系统运营商（ISO/RTO）来管理和运行电网，以保证市场的公平性。除此之外，其他地区仍保持管制。七大区域电力市场均采用了典型的集中式电力市场模式。电力市场中的交易标的物包括电能、辅助服务、金融输电权和容量等。下面以 PJM 电力市场为例进行详细介绍。

（1）建设历程

PJM 联网有限责任公司（PJM Interconnection，L. L. C.，简称 PJM）始建于 1927 年，最初用于实时电网运行监测，后随着 FERC 进行输电网市场化改革，逐渐发展成为美国第一个全功能的独立系统运营商（ISO），主要负责美国宾夕法尼亚－新泽西－马里兰联合电力市场，是北美最大的电力联营体，也是世界上第一个电力联营组织。

1996 年，FERC 颁布 888 号和 889 号法案，开展开放输电网的市场化改革。1997 年，FERC 批准 PJM 成为美国第一个全功能的独立系统运营商（ISO），建立了美国第一个区域性的、基于报价的电力市场。PJM 负责电网的调度运行，但不拥有输电网，以便可以无歧视地为用户提供电网接入服务。

1998 年，PJM 确立采用节点边际电价（LMP）模式，并逐步增加电力交易种类，包括支持备用分配制度的容量市场、输电权交易市场、日前市场、实时市场以及为系统提供备用资源的辅助服务市场等。

2007 年，PJM 采用可靠性定价模式取代原有的容量信用市场，并于当年 4 月开始正式运行，完成首次容量拍卖。

2018 年，PJM 容量市场投入运行，产品为基本容量资源。

2020 年，PJM 容量市场新增"运行容量资源"产品。

（2）行业结构

美国市场主体呈多元化特征，国内有超过 3300 家公用电力公司。同时，美国输电线路拥有权非常分散，其中约 2/3 为垂直一体化的公用电力公司所有，其他为众多的联邦政府机构、市政电力公司和农村电力合作社拥有，此外还有一些盈利性的电网经营企业。由于输电资产分散，难以强迫私企进行输电业务的集中整合，美国选择成立独立系统调度运行机构（ISO/RTO）的方式，将相邻区域内所有输电线路的调度管理权集中授权给独立的区域调度机构，以保障系统运行安全和促进更大范围的交易，PJM 就是其中之一。PJM 电力市场的配电业务依然主要由电力公司开展。加入 PJM 的输电商服从 PJM 的统一调度，参与 PJM 组织的电力市场，并在 PJM 的各委员会拥有投票权。

（3）市场模式

PJM 是集中式电力市场的典型代表，中长期电能量交易是金融差价合约性质，主要采取双边交易方式；现货电能量交易是集中式的全电量交易，由市场运营机构（PJM 公司）集中进行组织。

中长期电能量交易：中长期电能量交易是金融差价合约性质，主要采取双边交易方式，或者在纽约交易所开展电力金融衍生品交易。

现货电能量交易：PJM 现货电能量交易是集中式的全电量交易，主要包括日前市场、实时市场。其中，日前市场和实时市场采用双结算系统。日前市场出清结果用于结算，日前可靠性机组组合用于日前计划，实时市场出清结果用于结算和调度执行。

金融输电权市场：PJM 设立了金融输电权市场，主要目的是为市场成员提供规避高阻塞成本风险的交易产品，同时建立起竞争性的阻塞盈余分摊机制。

容量市场：PJM 为了保障长期容量充裕性、为机组回收固定成本，提前 3 年开展基于可靠性定价模型的容量市场，在容量市场中标的资源必须参与电能与辅助服务市场的投标。

（4）基本运作流程

日前、实时电能与辅助服务的交易流程如下（其中 D 表示运行日，$D{-}1$ 表示运行日的前一天）：

$D{-}1$ 日 11:00 之前，开展日前市场申报。包括机组报价、负荷报价以及市场参与者可以提供增量报价和减量报价的虚拟报价。

$D{-}1$ 日 11:00，日前市场报价结束。PJM 开始运行日前市场出清软件来计算日前市场每小时的机组组合和节点边际电价。

$D{-}1$ 日 13:30，公布 PJM 根据第一轮机组组合计算的结果，包括日前每小时调度计划和节点边际电价。

公布结果后至 $D{-}1$ 日 14:15 前，开放实时市场报价。第一轮机组组合中未中标的市场主体可以再次提交报价。但对于在日前市场中对机组进行自计划的市场主体，在二次报价阶段不能更改机组的状态。

D-1 日 14:15，实时市场报价结束。PJM 结合更新后的市场报价、机组可用性信息、负荷预测信息等，进行第二次机组组合计算。

D-1 日 14:15 到运行日 *D*，PJM 基于更新的负荷预测和机组可用性信息，根据需要进行额外的机组组合计算。PJM 会根据需要给特定机组单独发送更新的调度计划。

D-1 日 18:30 至 *D* 日运行前 65min，市场主体可以提交更新后的实时电能报价。

D 日运行前 1h，组织调频市场和旋转备用市场，进行调频市场力检测、执行电能的市场力检测，并判断备用资源是否短缺。该阶段可进一步调用燃气机组和需求响应等响应速率较快的资源。

D 日运行前 30min，发布调频、旋转备用、非旋转备用需求量估计。

D 日运行前 15min，提前 15min 执行在线机组的电能和备用联合优化，以满足系统的实际需求。

3. 澳大利亚电力市场

澳大利亚有两个电力市场，即国家电力市场（NEM）和西澳大利亚电力市场，NEM 于 1998 年开始运行，供电负荷占澳大利亚全国用电量的 85% 以上，西澳大利亚电力市场于 2006 年开始运行。

（1）建设历程

1990 年，澳大利亚国有垂直一体化电力企业被拆分为发、输、配、售 4 个环节，发电和售电环节首次引入竞争。

1991 年，澳大利亚国家电网管理委员会成立。

1996 年，澳大利亚国家电力法通过，国家电力市场管理公司成立。

1998 年，NEM 开始运营，包括昆士兰（QLD）、新南威尔士（NSW）、维多利亚（VIC）、南澳（SA）和首都特区。

2004 年，澳大利亚能源市场委员会（Australian Energy Market Commission，AEMC）和澳大利亚能源监管机构（Australia Energy Regulator，AER）成立。

2005－2006 年，塔斯马尼亚加入澳大利亚国家电力市场，在 2006 年实现与国家电力市场（NEM）物理互联。

2009 年，澳大利亚能源市场运营机构（Australia Energy Market Operator，AEMO）成立，涵盖了原国家电力市场管理公司的职能。

近年来，AEMC 和 AEMO 持续修改完善澳大利亚电力市场规则，例如缩短实时市场财务结算的时间间隔、建立批发市场用户侧的统一结算框架、允许大用户以需求侧响应方式参与批发市场等。

（2）行业结构

澳大利亚除北部特区与西澳大利亚之外，昆士兰州、新南威尔士州（含首都直辖区）、南澳大利亚州、维多利亚州和塔斯马尼亚州（Tasmania，TSA）均隶属于国家电力市场经营区，目前已形成发、输、配、售分开，发电侧和售电侧竞争，输配电政府管制，公司化运营的管理体制。

澳大利亚发电环节有 5 大发电企业，包括 CS 能源公司（CS Energy）、AGL 能源公司（AGL Energy）、起源能源公司（Origin Energy）、澳大利亚能源公司（Energy Australia）、斯坦韦尔公司（Stanwell）。国家电力市场范围内有 5 家州内输电公司、3 家跨州输电公司和 13 家配电公司。售电市场的市场集中度较高，全国范围内有 4 家规模较大售电企业，包括 Origin Energy、AGL Energy、Energy Australia、尔刚能源公司（Ergon Energy）。近年来，越来越多的售电企业拥有发电机组，越来越多的发电企业进入售电市场。

（3）市场模式

NEM 市场采用"中长期金融合约+单边强制性电力库（POOL）+辅助服务市场"模式，电力调度和电力市场交易均由 AEMO 承担。NEM 现货市场仅在发电侧单边竞价，用户只作为价格接受者。NEM 市场实施稀缺电价机制，价格范围为–1000～15100 澳元/（MW·h）[–4.7～70.9 元/（kW·h）]。若现货价格长期处于高位，也会执行 300 澳元/（MW·h）的二次限价。在实时市场运行之前，AEMO 根据发电企业报价、负荷预测，以 24h 为周期滚动开展预出清，但结果仅为市场主体提供价格预测信息，不参与结算。实时市场中，电能量市场和调频辅助服务市场联合出清，每 5min 优化调度出清一次。以州作为价区划分的物理边界，按照分区电价结算。

（4）基本运作流程

D–1 日 12:30 之前，竞价机组和可调度用电通过专用网络进行发购电报价。

D–1 日 12:30，市场成员申报容量安排计划是否参与市场，市场成员完成报价，包括时段电价和电力。

D–1 日 16:00 之前，发布次日预调度计划和市场信息，每 5min 确定一次调度计划。计划结果包括区域参考节点出清电价、各市场成员中标情况等。

D–1 日 16:30，根据市场规则确定是否采用管制电价。

在运行日（D 日）当天，市场成员重新申报各时段竞价信息；D 日运行前 60min，组织辅助服务市场；D 日运行前 15min，开展实时市场出清。

4. 欧盟电力市场

（1）建设历程

欧洲建设统一电力市场主要有以下几个主要目的：一是为了适应欧盟经济一体化进程，促进各国电力市场开发和自由贸易；二是引入竞争机制，提升能源行业运行效率和整体经济效益；三是促进成员国之间资源整合和优势互补，更好地保障欧盟整体的能源安全；四是促进清洁能源和可再生能源开发利用，推动能源结构转型和低碳经济发展。

1986 年，尚处于"欧共体"时代的欧洲签署了《单一欧洲法案》（Single European Act），欧盟统一能源市场的设想初步诞生。

1993 年，欧盟提出建设统一电力市场的改革目标。

2005 年，欧盟提出建立 7 大区域电力市场，作为推动统一市场建设的重要步骤。

2006－2008 年，各国电力市场开始合并，中西欧、伊比利亚、东南欧、英国和爱尔兰等区域电力市场相继成立。

2014 年，区域价格耦合（Price Coupling of Regions）项目开始实施，中西欧、北欧与英国和爱尔兰电力 3 个区域电力市场率先实现日前市场的耦合，又先后与伊利比亚电力市场和意大利电力市场实现耦合，形成了欧盟日前统一耦合市场的雏形。

2015 年，在欧盟日前统一耦合市场联合出清的基础上，北欧电力交易所联合欧洲电力现货交易所（EPEX）以及来自 14 个欧洲国家的输电网运营商（TSOs）共同启动了欧洲跨境日内电力市场项目（European Cross-Border Intraday，XBID）。

2021 年 1 月 1 日起，英国正式脱离欧盟日前统一耦合市场，欧盟日前统一耦合市场在进行日前耦合优化计算时将移除英国价区及相关跨国联络线容量。

2021 年 5 月，欧盟日前统一耦合市场范围进一步扩大，实现与捷克、匈牙利、罗马尼亚和斯洛伐克 4 国（4MMC）的耦合。10 月 27 日，保加利亚－罗马尼亚边境联络线容量加入欧盟日前统一耦合市场出清中。

（2）行业结构

1）欧洲统一电力市场的电网与调度管理。欧盟各成员国的行业结构呈现多样化特征，约半数成员国的输配电业务仍保持在垂直一体化的同一电力企业内，但按照欧盟要求将输电、配电和其他业务分离。各国输电网运行管理以输电网运商（TSO）模式为主，即输电网及其系统运行机构一体化运营[1]。在欧盟层面，未设立统一调度机构，由欧洲输电网运营商协会（ENTSO-E）协调各国、各地区之间系统运行和电网规划建设。ENTSO-E 成立于 2008 年，其主要职责之一就是制定通用的电网运行、发展规划及市场耦合规则，包括运行安全与可靠性、容量分配、阻塞管理及并网要求等。

---

[1]　也存在系统运营机构与输电网相对分离的 ITO（Independent Transmission Operator）模式。

2）欧洲统一电力市场的交易组织机构。欧洲各国的电网调度运营与电能及其金融衍生品交易一般采用独立运作方式，即各国输电网运营商负责本国电网调度运营，而电力交易机构（PX）一般采取多国联合的方式，一些国家（如英国）甚至存在多个电力交易机构。

在统一电力市场中，市场主体通过场外交易形成双边物理合约，通过本国交易机构或联合交易所的分支机构申报现货交易需求，在各国输电网运营商协调跨境输电通道容量作为约束的情况下，由 7 家电力交易机构轮值组织市场出清，每两周更换一次。7 家交易机构包括欧洲电力交易所（EPEX SPOT）、意大利电力交易所（GME）、北欧电力交易所（Nord POOL）、西班牙葡萄牙电力交易所（OMIE）、捷克共和国交易所（OTE）、罗马尼亚天然气和电力市场运营商（OPCOM）和波兰电力交易所（TGE）。

（3）市场模式

欧盟电力市场是国际上最为典型的跨国电力市场之一。欧盟统一电力市场主要包含中长期市场、日前市场、日内市场及平衡市场四个部分。其中，中长期市场主要包含物理合约和金融合约两种交易品种，通过市场主体场外自行双边协商或场内交易达成；日前市场和日内市场已实现跨国耦合，分别形成了欧盟日前统一耦合市场（Single Day-ahead Coupling，SDAC）以及日内统一耦合市场（Single Intra-Day Coupling，SIDC）；平衡市场主要在各个成员国内由本地输电网运营商自行组织进行系统平衡，欧盟层面开展跨国平衡试点项目并进一步探索建立跨国跨区平衡市场机制。

输电容量					
显式拍卖	隐式拍卖				
中长期市场： 跨境物理合约、场外双边合约（OTC）	日前统一耦合市场（SDAC）： 统一耦合出清、能量块报价、EUPHEMIA算法优化联络线间容量配置及电价 ……		日内统一耦合市场（SIDC）： 跨区日内耦合、"先到先得，高低匹配"撮合交易	实时平衡市场： 分区平衡 未来：统一跨区平衡	不平衡结算
多年、年度、月度、周	日前		日内	实时	事后

附图 1-1　欧盟统一电力市场结构

1）欧盟中长期市场。中长期市场主要有物理合约与金融合约两类交易品种。中长期市场一直持续到电力交割的前一天。

物理合约由市场主体在场外双边协商，自行签订，属于场外交易（Over-the-Counter，OTC）。物理合约可以提前多年签订，但需要物理交割。为保证物理交割顺利，在物理合约签订之后，市场主体需要向所涉及地区的输电网运营商（TSO）申请购买物理输电权。物理输电权的购买需要经过公开的容量显式拍卖获得。容量显式拍卖独立于电能量交易单独开展，拍卖通常分为年度、月度、每日等不同时间尺度进行，市场成员在交易平台上提交所需输电容量及报价，按照报价从高到低，依次成交。在获得物理输电权后，交易双方还需要在规定时间内，向合约涉及的电力送出国、电力受入国的 TSO 提交分解后的跨境输电电力计划。

金融合约既可以通过场外 OTC 交易签订，也可以在交易所内购买，主要目的是允许市场主体进行套期保值，以对冲实时市场中的各类风险。可以购买的交易产品包括期货、期权等金融衍生品，产品类型包括基荷、峰荷的期货，远期合约，期权合约以及差价合约等。

2）欧盟日前统一耦合市场（SDAC）。欧盟致力于推进各国电力市场融合，并循序渐进、由易到难地不断扩大市场耦合范围，以实现资源大范围、高效配置。2005 年欧盟提出"逐步建立区域电力市场作为向统一市场过渡的步骤，最终建设欧盟统一电力市场"的方案，并从法国、比利时、荷兰三国耦合起步，逐步扩大市场范围，截至 2022 年底，形成覆盖欧洲 28 个国家（23 个欧盟成员国）的日前统一耦合市场。

3）欧盟日内统一耦合市场（SIDC）。随着间歇性可再生能源装机比重的增加，仅通过日前市场保障下一日的供应平衡愈发困难，因此市场主体对日内市场的交易需求持续增加。欧盟日内统一耦合市场（SIDC）旨在建立单一的欧盟跨区日内电力市场，使得市场参与者能够在整个欧洲范围内进行日内连续电力交易，从而有益于促进竞争、增加流动性、共享能源资源、处理临时供需变化等。2018 年 6 月 12－13 日，SIDC 正式上线，在 15 个国家启动运行；2019 年 11 月至 2021 年 9 月期间，保加利亚等另外 8 个国家加入 SIDC 耦合；截至 2021 年 9 月，欧洲共 24 个国家实现了日内市场的统一耦合出清。

（4）基本运作流程

1）欧盟日前统一耦合市场（SDAC）交易组织流程。

欧盟日前统一耦合市场交易步骤主要包括以下四步：

市场申报阶段：SDAC 于日前上午开始系统申报，各国 TSO 计算各价区间通道的可用传输容量（ATC），提交至市场耦合系统。由于日前市场在中长期合约基础上进行，TSO 在计算跨境传输通道 ATC 时，需考虑中长期市场中物理输电权显式拍卖结果（具体以市场成员上报的跨境输电中长期合约为准）以及通道传输容量上限。

各国所有市场主体先申报信息至本国交易中心，各国交易中心在统一时间节点内，将市场成员该时间内的报价订单汇总后提交至市场耦合系统。

市场一次出清：SDAC 轮值的电力交易机构负责根据 ATC 情况，对所提交的报价订单采用 EUPHEMIA 算法进行统一优化出清，从而得到订单成交情况、出清价格以及各价区通道联络线间的潮流分配。由于各国市场限价要求有所不同，故 SDAC 第一次发布出清结果后，市场将再次开放 10min，允许超过价格阈值的市场主体调整申报信息。

市场二次出清：各市场主体根据一次出清结果调整申报信息后，SDAC 于 12:55 左右发布第二次出清结果，并转至各国交易中心与 TSO 进行确认。

市场出清结果执行：最终，各市场主体根据出清结果进行分散决策，安排制定自身跨境交易计划，并提交至相关 TSO。

2）欧盟日内统一耦合市场（SIDC）交易组织流程。

SIDC 市场的目标是搭建欧洲统一的日内市场，通过统一的信息系统实现报价订单共享，并通过隐式拍卖对跨境容量进行有效分配。目前，SIDC 市场在 SDAC 市场出清后开始组织，各市场主体均可参加 SIDC 市场，直至实际运行前 1h。主要流程分为以下三部分：

第一阶段：在开市期间，市场主体可自行在 SIDC 市场通过挂牌形式，将自身报价信息（包括买入或卖出的电量、价格、市场主体所在价区等）进行提交，并通过共享订单簿（Shared Order Book，SOB）聚合 SIDC 耦合范围内各地区的报价订单。

第二阶段： 系统将自动对报价订单进行匹配，系统中最低价的卖方订单将自动匹配系统中最高价买方订单，未撮合成功的订单将进入系统待匹配区。

第三阶段： 当两个订单匹配撮合成功时，相关的 SOB 和实时日内跨境容量管理模块（Capacity Management Module，CMM）中的信息将立即更新。成功交易的订单将从 SOB 中删除，其所占用的跨境容量也将在 CMM 中进行更新，根据订单发生位置，修改相应跨国边境容量数据。所达成的交易信息将通过输送模块（Shipping Module，SM）向所有市场相关方（包括相关 TSO、中央对手方、市场主体）公布。

附录 2　我国电力市场部分相关政策

根据《关于进一步深化电力体制改革的若干意见》（中发〔2015〕9 号）确定的电力体制改革目标和主要任务，2015 年 11 月公布的 6 个核心配套文件，明确了具体改革的"施工图"。在中发〔2015〕9 号文件及其配套文件总体框架下，国家发展改革委、国家能源局等有关部门相继出台了中长期交易规则、有序放开发用电计划、开展电力现货市场试点、燃煤发电放开和电网代理购电、完善电力辅助服务管理、建立煤电容量电价机制等一系列政策和规则，持续完善电力市场政策规则体系。

附表 2-1　　　　2015 年以来我国电力市场建设部分政策总结

序号	政策名称及文号	发布日期	发布机关	主要内容或要求
1	关于进一步深化电力体制改革的若干意见（中发〔2015〕9 号）	2015 年 3 月 15 日	中共中央、国务院	在进一步完善政企分开、厂网分开、主辅分开的基础上，按照管住中间、放开两头的体制架构，有序放开输配以外的竞争性环节电价，有序向社会资本开放配售电业务，有序放开公益性和调节性以外的发用电计划；推进电力交易机构相对独立，规范运行；继续深化对区域电网建设和适合我国国情的输配体制研究；进一步强化政府监管，进一步强化电力统筹规划，进一步强化电力安全高效运行和可靠供应
2	关于印发电力体制改革配套文件的通知（发改经	2015 年 11 月 26 日	国家发展改革委、国家能源局	1）按照"准许成本加合理收益"原则核定电网企业准许总收入和分电压等级输配电价。

序号	政策名称及文号	发布日期	发布机关	主要内容或要求
2	体〔2015〕2752号）	2015年11月26日	国家发展改革委、国家能源局	2）具备条件的地区逐步建立以中长期交易为主、现货交易为补充的市场化电力电量平衡机制；逐步建立以中长期交易规避风险，以电力现货市场发现价格，交易品种齐全、功能完善的电力市场。 3）组建相对独立的电力交易机构，搭建公开透明、功能完善的电力交易平台。 4）通过建立优先购电制度保障无议价能力的用户用电，通过建立优先发电制度保障清洁能源发电、调节性电源发电优先上网，通过直接交易、电力市场等市场化交易方式，逐步放开其他的发用电计划。 5）向社会资本开放售电业务，多途径培育售电侧市场竞争主体。 6）进一步加强和规范自备电厂监督管理，逐步推进自备电厂与公用电厂同等管理
3	关于同意印发《跨区域省间富余可再生能源电力现货交易试点规则（试行）》的复函（国能函监管〔2017〕46号）	2017年7月24日	国家能源局	原则同意按照《跨区域省间富余可再生能源电力现货交易试点规则（试行）》组织开展试点工作
4	关于有序放开发用电计划的通知（发改运行〔2017〕294号）	2017年3月29日	国家发展改革委、国家能源局	加快发电企业与购电主体签订购电协议；逐年减少既有燃煤发电企业计划用电量；原则上不再安排〔2015〕9号文件实施后核准的煤电机组；规范和完善市场化交易电量价格调整机制；有序开放跨省区送受电计划；优先保障风电、太阳能、核电等新能源发电；参与市场交易的电力用户不再执行目录电价

序号	政策名称及文号	发布日期	发布机关	主要内容或要求
5	关于开展电力现货市场建设试点工作的通知（发改办能源〔2017〕1453 号）	2017 年 8 月 28 日	国家发展改革委、国家能源局	选择南方（以广东起步）、蒙西、浙江、山西、山东、福建、四川、甘肃等 8 个地区作为第一批试点，加快组织推动电力现货市场建设工作
6	关于全面放开经营性电力用户发用电计划的通知（发改运行〔2019〕1105 号）	2019 年 6 月 22 日	国家发展改革委	除居民、农业、重要公用事业和公益性服务等行业电力用户以及电力生产供应所必需的厂用电和线损之外，其他电力用户均属于经营性电力用户。经营性电力用户的发用电计划原则上全部放开。经营性电力用户全面放开参与市场化交易主要形式可以包括直接参与、由售电公司代理参与、其他各地根据实际情况研究明确的市场化方式等
7	电力中长期交易基本规则（发改能源规〔2020〕889 号）	2020 年 7 月 1 日	国家发展改革委、国家能源局	重点从市场准入退出、交易组织、价格机制、安全校核、市场监管和风险防控等方面对《电力中长期交易基本规则（暂行）》（发改能源〔2016〕2784 号）进行补充、完善和深化，丰富了交易周期、交易品种和交易方式，优化了交易组织形式，提高了交易的灵活性和流动性，增强了中长期交易稳定收益、规避风险的"压舱石"作用
8	关于进一步做好电力现货市场建设试点工作的通知（发改办体改〔2021〕339 号）	2021 年 4 月 26 日	国家发展改革委、国家能源局	第一批试点地区按照"积极稳妥、安全第一"的原则，尽快明确 2021 年开展结算试运行计划，给予市场稳定预期。具备条件的地区，在按季度连续结算试运行基础上，可探索长周期不间断结算试运行。其他地区在不同季节、不同供需条件下开展多时段、多频次短期结算试运行，在结算试运行中积累经验，发现问题并完善，争取 2021 年底进入不间断结算试运行。积极稳妥扩大现货试点范围，选择辽宁省、上海市、江苏省、安徽省、河南省、湖北省作为第二批电力现货试点。上海市、江苏省、安

序号	政策名称及文号	发布日期	发布机关	主要内容或要求
8	关于进一步做好电力现货市场建设试点工作的通知（发改办体改〔2021〕339号）	2021年4月26日	国家发展改革委、国家能源局	徽省电力现货市场建设应加强与长三角区域市场的统筹协调。支持南方区域电力市场试点，加快研究京津冀电力市场建设、长三角区域电力市场建设方案
9	关于进一步深化燃煤发电上网电价市场化改革的通知（发改价格〔2021〕1439号）	2021年10月11日	国家发展改革委	有序放开全部燃煤发电电量上网电价，扩大市场交易电价上下浮动范围，推动工商业用户都进入市场，取消工商业目录销售电价，保持居民、农业、公益性事业用电价格稳定。目前尚未进入市场的用户，10kV及以上的用户要全部进入，其他用户也要尽快进入。对暂未直接从电力市场购电的用户由电网企业代理购电，代理购电价格主要通过场内集中竞价或竞争性招标方式形成
10	关于组织开展电网企业代理购电工作有关事项的通知（发改办价格〔2021〕809号）	2021年10月23日	国家发展改革委	取消工商业目录销售电价后，10kV及以上用户原则上要直接参与市场交易，暂无法直接参与市场交易的可由电网企业代理购电；鼓励其他工商业用户直接参与市场交易，未直接参与市场交易的由电网企业代理购电。已直接参与市场交易又退出的用户，可暂由电网企业代理购电。2021年12月底前，电网企业通过挂牌交易方式代理购电，2022年1月起，电网企业通过参与场内集中交易方式（不含撮合交易）代理购电，以报量不报价方式、作为价格接受者参与市场出清。电网企业为保障居民、农业用电价格稳定产生的新增损益（含偏差电费），按月由全体工商业用户分摊或分享
11	关于国家电网有限公司省间电力现货交易规则的复函（发改办体改〔2021〕837号）	2021年11月1日	国家发展改革委、国家能源局	原则同意由国调中心会同北京电力交易中心按照《省间电力现货交易规则》，积极稳妥推进省间电力现货交易，及时总结经验，不断扩大市场交易范围，逐步引入受端地区大用户、售电公司等参与交易，优先鼓励有绿色电力需求的用户与新能源发电企业直接交易。加

序号	政策名称及文号	发布日期	发布机关	主要内容或要求
11	关于国家电网有限公司省间电力现货交易规则的复函（发改办体改〔2021〕837 号）	2021 年 11 月 1 日	国家发展改革委、国家能源局	强省间电力现货交易实施情况的跟踪分析，切实防范市场风险，保障电力系统安全稳定运行。加强信息披露和报送，每月向国家发展改革委、国家能源局报送市场交易信息及分析报告，及时向市场主体披露市场交易相关情况和结果
12	关于印发《电力辅助服务管理办法》的通知（国能发监管规〔2021〕61 号）	2021 年 12 月 21 日	国家能源局	电力辅助服务的种类分为有功平衡服务、无功平衡服务和事故应急及恢复服务。有功平衡服务包括调频、调峰、备用、转动惯量、爬坡等电力辅助服务。无功平衡服务即电压控制服务。事故应急及恢复服务包括稳定切机服务、稳定切负荷服务和黑启动服务。 有偿电力辅助服务可通过固定补偿或市场化方式提供，市场化方式包括集中竞价、公开招标/挂牌/拍卖、双边协商等。鼓励新型储能、可调节负荷等并网主体参与电力辅助服务。 国家能源局派出机构结合当地电网运行需求特性，按照"谁提供、谁获利；谁受益、谁承担"的原则，确定各类电力辅助服务品种、补偿类型并制定具体细则。逐步建立电力用户参与的电力辅助服务分担共享机制
13	关于加快建设全国统一电力市场体系的指导意见（发改体改〔2022〕118 号）	2022 年 1 月 18 日	国家发展改革委、国家能源局	到 2025 年，全国统一电力市场体系初步建成，国家市场与省（区、市）/区域市场协同运行，电力中长期、现货、辅助服务市场一体化设计、联合运营，跨省跨区资源市场化配置和绿色电力交易规模显著提高，有利于新能源、储能等发展的市场交易和价格机制初步形成。到 2030 年，全国统一电力市场体系基本建成，适应新型电力系统要求，国家市场与省（区、市）/区域市场联合运行，新能源全面参与市场交易，市场主体平等竞争、自主选择，电力资源在全国范围内得到进一步优化配置

序号	政策名称及文号	发布日期	发布机关	主要内容或要求
14	关于进一步做好电网企业代理购电工作的通知（发改办价格〔2022〕1047号）	2022年12月23日	国家发展改革委	明确继续执行发改办价格〔2021〕809号文件、保持政策稳定性。保障用户安全可靠用电，坚持低价电量（含偏差电费）有限匹配居民、农业用电，保持居民、农业用电价格基本稳定。适应当地电力市场发展进程，鼓励支持10kV及以上的工商业用户直接参与电力市场
15	关于深化电力体制改革加快构建新型电力系统的指导意见	2023年7月11日	中央全面深化改革委员会	强调要深化电力体制改革，加快构建清洁低碳、安全充裕、经济高效、供需协同、灵活智能的新型电力系统，更好推动能源生产和消费革命，保障国家能源安全。要健全适应新型电力系统的体制机制，推动加强电力技术创新、市场机制创新、商业模式创新
16	关于印发《电力现货市场基本规则（试行）》的通知（发改能源规〔2023〕1217号）	2023年9月7日	国家发展改革委、国家能源局	本规则适用于采用集中式市场模式的省（区、市）/区域现货市场，以及省（区、市）/区域现货市场与相关市场的衔接。采用分散式市场模式的省（区、市）/区域和省间电力现货市场可探索制定相应市场规则。重点从市场成员、市场构成与价格、现货市场运营、市场衔接机制、计量、市场结算、风险防控、市场干预、争议处理、电力市场技术支持系统等方面进行了规范
17	关于进一步加快电力现货市场建设工作的通知（发改办体改〔2023〕813号）	2023年10月12日	国家发展改革委、国家能源局	推动现货市场转正式运行，各省/区域、省间现货市场连续运行一年以上，并依据市场出清结果进行调度生产和结算的，可按程序转入正式运行；有序扩大现货市场建设范围；加快区域电力市场建设；省间电力现货市场继续开展连续结算试运行，2023年底前具备连续开市能力

序号	政策名称及文号	发布日期	发布机关	主要内容或要求
18	关于建立煤电容量电价机制的通知（发改价格〔2023〕1501号）	2023年11月8日	国家发展改革委、国家能源局	将现行煤电单一制电价调整为两部制电价，其中电量电价通过市场化方式形成，灵敏反映电力市场供需、燃料成本变化等情况；容量电价水平根据转型进度等实际情况合理确定并逐步调整，充分体现煤电对电力系统的支撑调节价值，确保煤电行业持续健康运行
19	关于印发《电力市场信息披露基本规则》的通知（国能发监管〔2024〕9号）	2024年1月31日	国家能源局	信息披露主体包括发电企业、售电公司、电力用户、新型主体（独立储能等）、电网企业和市场运营机构；信息披露应当遵循安全、真实、准确、完整、及时、易于使用的原则；电力交易机构负责电力市场信息披露的实施；按照信息公开范围，电力市场信息分为公众信息、公开信息、特定信息三类
20	关于建立健全电力辅助服务市场价格机制的通知（发改价格〔2024〕196号）	2024年2月8日	国家发展改革委、国家能源局	适应新型电力系统发展需要，持续推进电力辅助服务市场建设。加强电力辅助服务市场与中长期市场、现货市场等统筹衔接，科学确定辅助服务市场需求，合理设置有偿辅助服务品种，规范辅助服务计价等市场规则。按照"谁服务、谁获利，谁受益、谁承担"的总体原则，不断完善辅助服务价格形成机制，推动辅助服务费用规范有序传导分担，充分调动灵活调节资源主动参与系统调节积极性。加强政策协同配套，规范辅助服务价格管理工作机制
21	全额保障性收购可再生能源电量监管办法（国家发展改革委令2024年第15号）	2024年2月8日	国家发展改革委	可再生能源发电项目的上网电量包括保障性收购电量和市场交易电量；保障性收购电量是指按照国家可再生能源消纳保障机制、比重目标等相关规定，应由电力市场相关成员承担收购义务的电量；市场交易电量是指通过市场化方式形成价格的电量，由售电企业和电力用户等电力市场相关成员共同承担收购责任

序号	政策名称及文号	发布日期	发布机关	主要内容或要求
22	电力市场监管办法（国家发展改革委令2024年第18号）	2024年4月12日	国家发展改革委	国家能源局依照本办法和国务院有关规定，履行全国电力市场监管职责；国家能源局派出机构负责辖区内的电力市场监管；电力监管机构对电力市场成员的下列情况实施监管：履行电力系统安全义务的情况、进入和退出电力市场的情况、参与电力市场交易资质的情况、执行电力市场运行规则的情况、进行交易和电费结算的情况、披露信息的情况、执行国家标准、行业标准的情况、平衡资金管理和资金使用的情况
23	电力市场运行基本规则（国家发展改革委2024年第20号）	2024年4月25日	国家发展改革委	全文共分为11章45条，分别对总则、电力市场成员、交易类型与方式、电能量交易、电力辅助服务交易、电能计量与结算、系统安全、市场风险防控和监管、信息披露、法律责任、附则等进行了规定
24	关于做好新能源消纳工作 保障新能源高质量发展的通知（国能发电力〔2024〕44号）	2024年5月28日	国家能源局	优化省间电力交易机制，根据合同约定，允许送电方在受端省份电价较低时段，通过采购受端省份新能源电量完成送电计划；加快电力现货市场建设，进一步推动新能源参与电力市场；打破省间壁垒，不得限制跨省新能源交易；探索分布式新能源通过聚合代理等方式有序公平参与市场交易；建立健全区域电力市场，优化区域内省间错峰互济空间和资源共享能力
25	中共中央关于进一步全面深化改革 推进中国式现代化的决定（中国共产党第二十届中央委员会第三次全体会议）	2024年7月18日	中共中央	紧紧围绕推进中国式现代化的主题，对进一步全面深化改革作出系统部署，强调构建高水平社会主义市场经济体制；构建全国统一大市场；推动市场基础制度规则统一、市场监管公平统一、市场设施高标准联通；深化能源管理体制改革，建设全国统一电力市场

序号	政策名称及文号	发布日期	发布机关	主要内容或要求
26	电力中长期交易基本规则—绿色电力交易专章（发改能源〔2024〕1123号）	2024年7月24日	国家发展改革委、国家能源局	国家能源局负责推动绿证核发全覆盖,拓展绿证应用场景,国家能源局及派出机构加强对绿色电力交易监管;地方政府主管部门要积极推动新能源参与电力市场,指导经营主体积极参与绿色电力交易,按照"省内为主、跨省区为辅"的原则,推动绿色电力交易有序开展,满足电力用户绿色电力购买需求
27	关于印发《可再生能源绿色电力证书核发和交易规则的通知》（国能发新能规〔2024〕67号）	2024年8月26日	国家能源局	绿证是我国可再生能源电量环境属性的唯一证明,是认定可再生能源电力生产、消费的唯一凭证;绿证核发和交易应坚持"统一核发、交易开放、市场竞争、信息透明、全程可溯"的原则,核发由国家统一组织,交易面向社会开放,价格通过市场化方式形成,信息披露及时、准确,全生命周期数据真实可信、防篡改、可追溯;绿证既可单独交易,也可随可再生能源电量一同交易,并在交易合同中单独约定绿证数量、价格及交割时间等条款

附录3　全国碳排放权交易市场配额分配方法（第二履约期）

目前纳入配额管理的发电机组包括 300MW 等级以上常规燃煤机组，300MW 等级及以下常规燃煤机组，燃煤矸石、煤泥、水煤浆等非常规燃煤机组（含燃煤循环流化床机组）和燃气机组四个类别。对不同类别的机组，规定了单位供电（热）量的碳排放限值，即碳排放基准值。

附表 3-1　　　　　　　　　　机组类别及其判定标准

机组类别	判定标准
300MW 等级以上常规燃煤机组	以烟煤、褐煤、无烟煤等常规电煤为主体燃料且额定功率不低于 400MW 的发电机组
300MW 等级及以下常规燃煤机组	以烟煤、褐煤、无烟煤等常规电煤为主体燃料且额定功率低于 400MW 的发电机组
燃煤矸石、煤泥、水煤浆等非常规燃煤机组（含燃煤循环流化床机组）	以煤矸石、煤泥、水煤浆等非常规电煤为主体燃料（完整履约年度内，非常规燃料热量年均占比应超过 50%）的发电机组（含燃煤循环流化床机组）
燃气机组	以天然气为主体燃料（完整履约年度内，其他掺烧燃料热量年均占比不超过 10%）的发电机组

附表 3-2　　　　　　2019－2020 年各类别机组碳排放基准

序号	机组类别	供电基准值 $[tCO_2/(MW \cdot h)]$	供热基准值 (tCO_2/GJ)
I	300MW 等级以上常规燃煤机组	0.877	0.126

续表

序号	机组类别	供电基准值 [tCO$_2$/（MW·h）]	供热基准值 （tCO$_2$/GJ）
II	300MW 等级及以下常规燃煤机组	0.979	0.126
III	燃煤矸石、煤泥、水煤浆等非常规燃煤机组（含燃煤循环流化床机组）	1.146	0.126
IV	燃气机组	0.392	0.059

附表 3-3　　　　2021－2022 年各类别机组碳排放基准

序号	机组类别	供电 [tCO$_2$/（MW·h）]			供热 （tCO$_2$/GJ）		
		2021 年平衡值	2021 年基准值	2022 年基准值	2021 年平衡值	2021 年基准值	2022 年基准值
I	300MW 等级以上常规燃煤机组	0.8210	0.8218	0.8177	0.1110	0.1111	0.1105
II	300MW 等级及以下常规燃煤机组	0.8920	0.8773	0.8729			
III	燃煤矸石、煤泥、水煤浆等非常规燃煤机组（含燃煤循环流化床机组）	0.9627	0.9350	0.9303			
IV	燃气机组	0.3930	0.3920	0.3901	0.0560	0.0560	0.0557

采用基准法核算机组配额总量的公式为：机组配额总量=供电基准值×实际供电量×修正系数+供热基准值×实际供热量。考虑到机组固有的技术特性等因素，通过引入修正系数进一步提高同一类别机组配额分配的公平性。以煤电机组为例，CO$_2$排放配额计算公式为

$$A=A_e+A_h$$

式中　A——机组 CO$_2$ 配额量，tCO$_2$；

A_e——机组供电 CO_2 配额量，tCO_2；

A_h——机组供热 CO_2 配额量，tCO_2。

其中，机组供电 CO_2 配额计算方法为

$$A_e=Q_e \times B_e \times F_1 \times F_r \times F_f$$

式中 Q_e——机组供电量，$MW \cdot h$。

B_e——机组所属类别的供电基准值，$tCO_2/（MW \cdot h）$。

F_1——机组冷却方式修正系数，如果凝汽器的冷却方式是水冷，则机组冷却方式修正系数为 1；如果凝汽器的冷却方式是空冷，则机组冷却方式修正系数为 1.05；对于背压机组等特殊发电机组，机组冷却方式修正系数为 1。

F_r——机组供热量修正系数，燃煤机组供热量修正系数为 $1-0.22 \times$ 供热比。

F_f——机组负荷（出力）系数修正系数。

参考《常规燃煤发电机组单位产品能源消耗限额》（GB 21258－2017）及《热电联产单位产品能源消耗限额》（GB 35574－2017），常规燃煤纯凝发电及常规燃煤热电联产机组负荷（出力）系数修正系数按照附表 3-4 选取，其他类别机组负荷（出力）系数修正系数为 1。

附表 3-4　　　　　　负荷（出力）系数修正系数

统计期机组负荷（出力）系数	修正系数
$F \geqslant 85\%$	1.0

统计期机组负荷（出力）系数	修正系数
80%≤F＜85%	$1+0.0014\times（85-100F）$
75%≤F＜80%	$1.007+0.0016\times（80-100F）$
F＜75%	$1.015^{（16-20F）}$

注　F为机组负荷（出力）系数，单位为%。

机组供热CO_2配额计算方法为

$$A_h=Q_h\times B_h$$

式中　Q_h——机组供热量，GJ；

B_h——机组所属类别的供热基准值，tCO_2/GJ。

索　引